Ferroviários, trabalho e poder

FUNDAÇÃO EDITORA DA UNESP

Presidente do Conselho Curador
Marcos Macari

Diretor-Presidente
José Castilho Marques Neto

Editor Executivo
Jézio Hernani Bomfim Gutierre

Conselho Editorial Acadêmico
Antonio Celso Ferreira
Cláudio Antonio Rabello Coelho
José Roberto Ernandes
Luiz Gonzaga Marchezan
Maria do Rosário Longo Mortatti
Maria Encarnação Beltrão Sposito
Mario Fernando Bolognesi
Paulo César Corrêa Borges
Roberto André Kraenkel
Sérgio Vicente Motta

Editores Assistentes
Anderson Nobara
Denise Katchuian Dognini
Dida Bessana

MARIA DE FÁTIMA
SALUM MOREIRA

Ferroviários, trabalho e poder

editora
unesp

© 2008 Editora UNESP

Direitos de publicação reservados à:
Fundação Editora da UNESP (FEU)
Praça da Sé, 108
01001-900 – São Paulo – SP
Tel.: (0xx11) 3242-7171
Fax: (0xx11) 3242-7172
www.editoraunesp.com.br
feu@editora.unesp.br

CIP – Brasil. Catalogação na fonte
Sindicato Nacional dos Editores de Livros, RJ

M836f

    Moreira, Maria de Fátima Salum
        Ferroviários, trabalho e poder / Maria de Fátima Salum Moreira. – São Paulo: Editora UNESP, 2008.

    Inclui bibliografia
    ISBN 978-85-7139-871-9

    1. Estrada de Ferro Sorocabana - História. 2. Ferrovias - Sorocaba (SP) - História. 3. Ferroviários - Sorocaba (SP) - História. 4. Relações trabalhistas. I. Título.

08-3418.
                                      CDD: 385.098161
                                      CDU: 652.2

Este livro é publicado pelo projeto Edição de Textos de Docentes e Pós-Graduados da UNESP – Pró-Reitoria de Pós-Graduação da UNESP (PROPG) / Fundação Editora da UNESP (FEU)

Editora afiliada:

*Para Vanessa, Allan,
Lívia, Dimitri e Fernanda,
com amor e esperança*

Sumário

Introdução   9

1   Processo de trabalho e ferrovias no Brasil   21
2   A Estrada de Ferro Sorocabana
na década de 1920: trabalho e luta   47
3   Processo de racionalização: controle e resistência   71
4   Trabalho, identidade e cultura:
dimensões da experiência ferroviária   139

Considerações finais   173
Referências bibliográficas   179

Introdução

Explicação de poesia sem ninguém pedir

*Um trem de ferro é uma coisa mecânica,
mas atravessou a noite, a madrugada, o
dia, atravessou a vida inteira, virou só
sentimento.*

(Adélia Prado, Bagagem)

Final da década de 1950, final da tarde. Em uma pequena vila ferroviária, o cheiro do feijão, do torresmo ou da sopa escapa pelas janelas. As crianças alvoroçadas correm para os portões, onde as mães já se encontram conversando e aguardando a chegada de vários grupos de homens, suados, que conversam alto e que chegam anunciando mais um dia que se finda depois de muito trabalho sob o sol. Acenam alegremente para os amigos e familiares, e passam reto na frente de suas casas, dirigindo-se para os pequenos botecos mais próximos do local. As mulheres e crianças voltam a ocupar-se de seus afazeres e depois retornam para aguardar a chegada desses homens. Estes voltam mais alegres ainda, falando mais alto e trazendo balas e doces para as crianças. No outro dia, recomeça o trabalho diário, o barulho das máquinas que cortam as linhas a todo momento, dos troles, dos martelos, das picaretas etc. É o barulho do trem de ferro cortando o dia, determinando a vida, o trabalho, o lazer, a comida... proporcionando uma experiência coletiva de vida e de luta que deve confrontar-se com a multiplicidade de posições, de sentimentos e de percepções da realidade vivida, existentes no interior dessa categoria social.

Uma criança miúda, que também espera ansiosamente pela volta do avô, e, naturalmente, das balas, registra em sua memória esse quadro que seus olhos curiosos e inquietos revêem todos os dias. O mundo é gigante e ela não consegue acompanhar toda a sua dimensão, mas uma pequena parte dele toma conta de tudo e lhe parece como sendo o mundo inteiro. É o cheiro de graxa, o apito dos trens, o movimento constante de máquinas e homens suados, em torno de quem tudo gira: o horário de se levantar, de se deitar, de preparar as refeições, de passear, a possibilidade ou não de fazer compras, de fazer isto ou aquilo...

Vontade de saber, curiosidade e inquietação diante das significações da vida, do trabalho, dos sentimentos e das relações entre as pessoas levam à procura de sentidos e explicações para a vida social e para a própria existência. Certas experiências de vida, diretamente compartilhadas ou não, mas que deixaram fortes impressões, estarão presentes na definição do objeto a ser pensado e investigado, em pesquisas da História. Nesse caminho, toma forma e ganha cada vez mais sentido e importância o que afirmou Milan Kundera (1978, p.7): "a luta do homem contra o poder é a luta da memória contra o esquecimento".[1]

---

1   Refletindo sobre a vinculação entre o fazer e o saber, Benjamin (1985) discute a necessidade da preservação da memória como instrumento de luta contra a opressão e aponta para suas preocupações com a dissociação ocorrida entre "o gesto e a palavra", com o advento das sociedades modernas. Segundo Benjamin (1985, p.114-9), essa separação faz desaparecer a sedimentação progressiva das diversas experiências, a qual é marcada pela perda da memória. Arendt (1981) também discute a vinculação entre perda da memória e perda da experiência, que ocorre como tendência nas sociedades contemporâneas, a partir do fim dos ideais de permanência, durabilidade e estabilidade resultantes do fato de as coisas serem resultado do "labor" e não do trabalho (produção de objetos de consumo e não de uso). O fim desses ideais provoca o desenraizamento do ser, o que acontece pela perda de referências em relação a suas experiências.

O núcleo central deste estudo é a análise da dimensão política da organização do processo de trabalho da Estrada de Ferro Sorocabana, num período caracterizado pela introdução de práticas racionais e científicas, em sua estrutura técnica e administrativa. A preocupação em recuperar as experiências vividas cotidianamente pelos ferroviários, em suas relações sociais no espaço do trabalho, vinculou-se à hipótese sobre a existência de uma luta política no cotidiano do processo produtivo. Esse é o pano de fundo de uma árdua tentativa de apreender como os ferroviários viveram e experimentaram situações comuns de vida e de trabalho, e daí construíram novas práticas e novas percepções sobre a própria vida, no âmbito da sociedade e cultura da qual fizeram parte.

Essa problemática foi formulada e instigada por proposições teóricas e historiográficas que afirmam que as tentativas da burguesia industrial de subjugar e adaptar os trabalhadores para a realização do trabalho eficiente e disciplinado ocorrem no contexto de uma dinâmica de poder interna ao processo de trabalho, em que é a ação e reação dos trabalhadores, diante da forma de executar as tarefas, que definem o rendimento efetivo do trabalho realizado (Castoriadis, 1985; Gorz, 1980; Marglin, 1980; Habermas, 1980).

Isso implica questionar o caráter supostamente neutro da ciência e da técnica e seu relacionamento com os aspectos estritamente econômicos da produtividade e eficiência do trabalho. Significa, ainda, interrogar se o controle dos trabalhadores sobre o processo de trabalho, permitindo-lhes definir a forma e o ritmo da produção, não seria a contraface das estratégias técnicas e científicas de controle e disciplinamento utilizadas pelos dirigentes da economia capitalista.

A eleição de uma empresa ferroviária – espaço pioneiro das relações entre capital e trabalho, no Brasil – permitiu o avanço em algumas reflexões sobre a natureza e as determinações inscritas na organização de seu processo de trabalho. O que ocorre nessa empresa é elucidativo dos termos e moldes em que ocorreu a formação do trabalhador assalariado no país. Seu pioneirismo na formação, seleção e disciplinarização desses trabalhadores permite tomá-la como um lócus emblemático, na definição e compreensão desse processo.

Desde a segunda metade do século XIX, evidencia-se a formulação de novas práticas e percepções do mundo baseadas nos princípios da modernidade, as quais carregam em seu bojo as idéias de progresso, de necessidade técnica, de inevitabilidade da vitória do novo, moderno e civilizado sobre as relações sociais e culturais tradicionais, consideradas enquanto vinculadas ao atraso e à barbárie. No discurso de alguns setores sociais, ligados às elites dominantes econômica e intelectualmente, propõem-se novas formas de representação da sociedade, com a instauração de novas regras e normas para o viver social. Segundo tais pressupostos, a nova sociedade seria viabilizada por um dos novos signos da modernidade – o trem – e seu predomínio sobre o selvagem e o desconhecido. O imaginário mecânico passou a ter no trem e na locomotiva um dos pilares simbólicos da força e do poder do maquinismo, da modernidade e da técnica (Hardman, 1988; Sussekind, 1987; Marson, 1991; Lessa, 1993).

Acompanhando a remodelação científica do processo de trabalho da Estrada de Ferro Sorocabana, foi possível apresentar e refletir sobre os significados de suas primeiras iniciativas, as reformulações e os desdobramentos subseqüentes e suas formas mais aperfeiçoadas, assim como interpretar suas relações com a resistência cotidiana dos trabalhadores no espaço de trabalho. Isso representou investigar o confronto existente entre as estratégias de disciplinamento e controle realizadas pela empresa, com as formas de resistência dos trabalhadores no espaço produtivo.

Ao longo da investigação, percebeu-se que os projetos da administração ferroviária também realizavam uma intervenção direta na vida cotidiana do trabalhador, procurando regularizar seu lazer, sua educação, sua saúde, seus hábitos, sua moral etc., o que levou a redimensionar o campo da pesquisa também para a análise das relações que se davam fora do trabalho. Ao mesmo tempo que se procurou conhecer as estratégias de intervenção da empresa sobre a vida privada dos trabalhadores, também foram ampliadas as referências de análise sobre suas formas de assimilação e/ou resistência diante destas e a maneira como isso se manifestou. Nessa perspectiva, são discutidas várias das manifestações dos ferroviários em relação a suas experiências, impressões e sentimentos, as quais fazem parte de uma totalidade complexa das práticas e representações que vivenciaram.

A pesquisa realizou-se, portanto, por meio de um duplo movimento, envolvendo os espaços interno e externo ao processo de trabalho, cujas partes, embora possam ser observadas e apresentadas isoladamente, só podem ser entendidas como constituintes de um único processo, vinculado às relações de poder entre dirigentes e dirigidos, existentes na organização capitalista de produção.

A delimitação temporal refere-se ao período em que esse processo foi implementado: 1920-1940. A década de 1920 pareceu-me significativa para demarcar seu início, porque nessa época foram introduzidos os princípios de organização científica do trabalho na Sorocabana, por meio da reestruturação de trabalho em suas oficinas. Isso ensejou a constituição de uma comissão técnica, encarregada de planejar as formas de execução do trabalho, ao mesmo tempo que redefiniu a distribuição dos encargos e a divisão de tarefas.

Nesse momento, a Sorocabana destacou-se entre as iniciativas pioneiras de organização científica do trabalho, juntamente com outros casos similares, como os de Roberto Simonsen, em sua indústria de construção civil, e de Paulo Nogueira Filho, na fábrica de seda Santa Branca (Antonacci, 1985). Além de serem realizadas, na Sorocabana, as primeiras iniciativas, em moldes experimentais, de ensino e formação científica dos trabalhadores, também foram criados novos regulamentos, destinados a gerir, de maneira científica e neutra, as relações entre ferroviários e direção.

Na década de 1930, os mecanismos de intensificação da produção e de controle sobre o processo de trabalho foram mantidos e assegurados por meio da seleção, da formação e do aperfeiçoamento científico dos trabalhadores e, também, da realização de uma reforma administrativa que estendeu a separação entre as funções administrativas e de planejamento técnico das funções de execução dos serviços para todos os setores de trabalho das ferrovias.

A análise aqui proposta encerra-se na década de 1940 porque, por essa época, tais medidas racionalizadoras encontravam-se definitivamente implementadas. A partir de então, já se podiam vislumbrar o acabamento e aperfeiçoamento científicos das questões técnicas e administrativas da ferrovia, em que se evidenciaram a eletrificação, a implementação completa do sistema divisional e a criação do serviço de assistência social, o qual se destacou em relação às redefinições das estratégias da empresa diante das reações dos trabalhadores à organização científica do processo de trabalho.

Situar esse processo de transformações científicas na Estrada de Ferro Sorocabana, entre os anos 1920 e 1940, não significou, contudo, um balizamento cronológico estritamente rígido. Em alguns momentos, foi necessário realizar uma retroação ou avanço em relação a tal recorte, considerando-se a necessidade de realizar articulações com questões enraizadas em um momento anterior ou, então, de alcançar aspectos elucidativos da problemática evidenciados em períodos posteriores.

É importante destacar, todavia, que esse tema e sua periodização vinculam-se ao processo mais amplo do movimento de racionalização da sociedade brasileira, que se encontrava relacionado com a elaboração e defesa de um projeto social pela emergente burguesia industrial. Tal projeto foi estruturado sobre o tema da industrialização, baseando-se na defesa da racionalidade e do cientificismo, já que, nas décadas de 1930 e 1940, foram definidas novas regras para gerir o processo e o mercado de trabalho, as quais se inscreveram no contexto das relações sociais de poder e de tentativas de dissolução da luta de classes (De Decca, 1983, p.47-79; Antonacci, 1985, 1993; Silva, 1983, p.79-97, 1990). Portanto, as formas particulares de controle e exploração capitalista, no processo de trabalho, foram entendidas, neste estudo, como parte das estruturas políticas e econômicas de um determinado momento histórico (Almeida, 1978; Brunhoff, 1978).

Embora este trabalho tenha sido realizado, em grande parte, com fontes provenientes da própria empresa, elas não se restringem às referências empresariais. Ao contrário, tratam de questões que envolvem as relações entre ferrovia e ferroviários, pois seus conteúdos exprimem as estratégias burguesas de controle que se encontram relacionadas às formas de ação e reação dos trabalhadores.[2] A partir da análise de regulamentos, circulares, relatórios, planos técnicos, administrativos e de seleção e formação dos ferroviários, formulados no período, buscou-se reconhecer a existência de estratégias que visassem resolver questões políticas internas ao processo de trabalho.

Essa percepção e análise foram possíveis por meio de uma leitura com lentes e objetivos de investigação inversos à óptica e aos objetivos com que esses documentos eram apresentados, isto é, os objetivos econômicos, relativos à eficiência e à produtividade. Portanto, os documentos foram observados com um olhar que pudesse ultrapassar as "evidências econômicas" com as quais eles eram justificados. Para isso, foi necessário perceber a articulação deles com os modos de ação e resistência pontual e difusa praticadas pelos trabalhadores no dia-a-dia de trabalho, as quais poderiam estar sendo alvo daquelas determinações.[3] É importante ter claro, entretanto, que as várias formas de subordinação/insubordinação dos trabalhadores no espaço da produção não estão vinculadas ao movimento de racionalização do trabalho, por meio de uma relação de causa e efeito, pois os aspectos de dominação e resistência encontram-se engendrados em um único

---

2   Excetuando as entrevistas, as demais pesquisas empíricas deste trabalho foram realizadas nos seguintes locais: Arquivo e Museu Ferroviário (Fepasa, Jundiaí, SP), Arquivo Edgar Leuenroth (Unicamp, Campinas, SP), Biblioteca da Fepasa (São Paulo), Arquivo do Estado (São Paulo) e Centro de Documentação e de Recursos Audiovisuais – Cedrau (UNESP, Assis, SP). A presença de algumas referências às fontes, com falhas quanto ao rigor em relação aos padrões científicos de sua apresentação, devem-se ao fato de que elas se localizam no Arquivo e Museu Ferroviário de Jundiaí, o qual se encontrava, à época da pesquisa, praticamente abandonado e sem receber nenhuma assistência técnica de especialistas que permitisse uma organização formal de seu patrimônio de acordo com os princípios da arquivística mais recente.

3   Mesmo considerando as diferenças conceituais entre os historiadores sociais e da cultura e as teorizações de Michel Foucault (1987), é importante destacar uma das questões propostas por este e que ajudou a impulsionar vários dos estudos históricos que priorizam o enfoque do cotidiano e da vida das pessoas comuns. Segundo Foucault (1987), "nada mudará a sociedade se os mecanismos de poder que funcionam fora, abaixo e ao lado dos aparelhos de Estado, a um nível mais elementar, cotidiano, não forem modificados".

16 MARIA DE FÁTIMA SALUM MOREIRA

processo, além de estarem intrinsecamente ligados à própria natureza e constituição da organização capitalista do trabalho.

As diversas maneiras de ação e reação dos ferroviários em seu fazer cotidiano também puderam ser analisadas por meio de processos e inquéritos individuais sobre irregularidades praticadas por ferroviários e as conseqüentes punições. Apesar de só terem sido localizados processos e inquéritos realizados na década de 1940 – os quais eram acompanhados da ficha individual do ferroviário, a qual apresentava os prêmios e as punições recebidas desde a data da admissão –, esse material constitui valiosa fonte para recuperar algumas formas de ação dos trabalhadores no processo de trabalho. É notável o número de multas, suspensões e remoções que eram aplicadas cotidianamente, decorrentes de indisciplina, desrespeito à autoridade, embriaguez, roubo, faltas etc.

No discurso da imprensa ferroviária,[4] buscou-se perceber o que poderia estar objetivando aquela fala moralizante e suave, procurando lembrar permanentemente o que significava ser um bom ferroviário. Em outros órgãos da imprensa oficial e operária,[5] foi possível rever alguns momentos da luta pública e organizada dos ferroviários da Sorocabana.

A experiência cotidiana no trabalho, na família, com os colegas; os momentos de lazer, as realizações sociais, esportivas e culturais, assim como as representações e os sentimentos vivenciados em relação a essa prática, também puderam ser investigados por meio da própria fala dos ferroviários. Além do uso de memórias manuscritas ou impressas, foram realizadas entrevistas com pessoas que trabalharam na ferrovia na década de 1920 em diante.

Para a reconstrução das manifestações culturais da categoria, além do trabalho com as memórias orais, manuscritas e impressas, também se recorreu às músicas e poesias escritas por ferroviários, já que, em

---

4 Tais fontes foram: a revista *Nossa Estrada*, criada e dirigida pela administração ferroviária, e o jornal *O Apito*, que, apesar de ser apresentado como jornal dos ferroviários, contava com a participação da hierarquia ferroviária mais alta, bastante identificada com os princípios racionais da administração.

5 Esses órgãos da imprensa oficial e operária foram, respectivamente, os jornais *Diário de São Paulo* e *A Plebe*.

muitas delas, estes assumiam o lugar de protagonistas, expressando suas impressões e sentimentos em relação ao que viviam. Sempre atentando para os cuidados necessários aos usos de tais fontes (Nora, 1984-1992; Bosi, 1987), foi possível apresentar alguns aspectos bastante significativos em relação a suas práticas e representações sociais, inclusive por meio recurso ao uso de suas maneiras singulares e particulares de expressão, as quais traduziam seus costumes, valores, códigos, sentimentos, símbolos etc.

Se os estudos sobre a organização do processo de trabalho na ferrovia foram permeados pelo questionamento do caráter supostamente neutro da ciência e da técnica, aqueles voltados para as práticas e vivências cotidianas dos trabalhadores conduziram-se pela preocupação em interpretar de que formas estas se revestiram e quais eram as conexões existentes entre os valores, as atitudes e relações de poder, que permeavam todas as dimensões de sua vida social.

Raymond Willians (1978, p.124-9) propõe que se pense sobre o conceito de "estruturas de sentimento", o qual deve ser entendido como

significados e valores tais como são vividos e sentidos ativamente, sendo que as crenças formais ou sistemáticas são, na prática, variáveis em relação a vários aspectos, que vão desde o assentimento formal com o dissentimento privado até a interação mais nuançada entre as crenças interpretadas e selecionadas e experiências vividas e selecionadas.

Deve ficar esclarecido, portanto, que não se objetivou traduzir a fala e os sentimentos dos trabalhadores como transparentes ou isentos de ambigüidades inerentes à própria condição humana e às diversidades existentes no interior da categoria. Do mesmo modo, não se descuidou da necessidade da realização de um trabalho crítico do pesquisador em relação às mediações necessárias com outros tipos de fontes e com os demais aspectos da realidade social.

Um pressuposto e uma preocupação fundamentais perpassaram toda a construção da pesquisa: o da importância em se refletir/procurar conhecer as ações dos trabalhadores, não atribuindo seu caráter e seu fazer a causas predeterminadas, ou seja, como resultante da lógica do

18 MARIA DE FÁTIMA SALUM MOREIRA

capitalismo e da ação burguesa, ou, então, apenas da ação de suas vanguardas. Partiu-se do princípio de que é possível recuperar o acontecer e a constituição dos trabalhadores como "classe" ou categoria social, a partir de suas experiências comuns cotidianas.

Nesse sentido, as interpretações para a problemática proposta tiveram, inicialmente, uma significativa referência e inspiração nos estudos de Thompson (1979) e em seus conceitos de "experiência" e "classe social". Para o autor, as classes sociais se constituem em seu viver e fazer cotidiano, o que supõe a crítica e o redimensionamento à concepção de classe, também de matriz marxista, vinculada à idéia de "classe em si" e "classe para si", a qual acaba por privilegiar um viés extremamente econômico na formulação de tal explicação (Marx, 1975; Lukács, 1969; Goldman, 1973).

O conceito de "experiência", além de valorizar a importância das relações de produção na constituição das classes sociais, também "incorpora múltiplas evidências de vida ou da arte dos homens, que são tratados, no plano de sua consciência, das maneiras as mais complexas, para em seguida agirem sobre as situações determinadas" (Thompson, 1979, p.7-11). Assim, a interpretação do real inclui a compreensão daquilo que é denominado como cultura e que emerge do confronto entre as classes, isto é, o conjunto de valores, normas, obrigações, expectativas etc. (ibidem).

Isso também implica conceber o real como constituído por meio da experiência humana, cujas práticas e representações são ao mesmo tempo constituídas *pelo* e constituintes *do* real. Portanto, as transformações da realidade social são definidas pela indeterminação, pelo inacabamento, o que determina a impossibilidade de serem decretadas certezas em relação ao devir histórico.

Ao discutir a vinculação existente entre o fazer humano e o saber, Castoriadis (1982) afirma que, na relação da prática com a teoria, esta não pode ser dada previamente, pois emerge constantemente da própria atividade humana. Elucidação e transformação do real progridem, na prática, num condicionamento recíproco. Para ele, o caráter provisório da práxis determina também seu aspecto essencial de que o próprio sujeito é transformado constantemente a partir dessa experiência em que está engajado e que "ele faz", mas que "o faz" também (ibidem, p.89-94).

Com esse entendimento, o conceito da palavra "luta" ganha uma outra dimensão que não aquela reservada estritamente aos espaços político-institucionais, tais como os partidos e sindicatos. Essa visão restrita conta com o apoio de alguns teóricos da esquerda, que costumam definir o que é "consciência política" ou "falsa consciência", o que é "revolucionário" ou "conservador", por meio de modelos explicativos que precedem o acontecer histórico.

Acompanhando esse raciocínio, o papel dos trabalhadores seria o de adaptar-se à racionalidade do desenvolvimento capitalista – com as concepções que lhe correspondem de "inevitabilidade do desenvolvimento fabril e tecnológico" e de "neutralidade da ciência e da técnica" – ou, então, à lógica teórica dos militantes de esquerda, pois ambos deteriam as certezas sobre o vir a ser histórico. Enquanto os trabalhadores não se adaptam aos princípios e objetivos burgueses ou aos de suas vanguardas, temos, para os primeiros, o homem não-moralizado e ignorante de seu papel social, e, para os segundos, a "classe em si", que ainda ignora seu papel de agente na construção da nova sociedade sem classes. Dessa forma, não restaria nenhuma prática/consciência, a ser construída pelos trabalhadores, que estivesse em conformidade com as suas experiências culturais concretas e com seu modo de entendê-las e representá-las.

Ao inspirar-se nas premissas thompsinianas, este trabalho procurou realizar o caminho inverso àquelas análises, buscando compreender a constituição das práticas e representações dos ferroviários por meio de suas experiências cotidianas e particulares de trabalho e de vida. Entretanto, ao fazer esse percurso, o próprio conceito de classe foi atravessado por novos olhares, pois a categoria socioprofissional em que estes se incluem foi se revelando em toda a sua heterogeneidade e diversidade sociocultural.[6]

---

6   A palavra "classe" aparece, em vários momentos, nos próprios discursos de ferroviários, quando estes se referem a sua categoria profissional, e a autora do presente trabalho optou por utilizá-la apenas em alguns contextos específicos, preferindo, na maioria dos casos, o termo "categoria".

Do cotejamento entre estudos teóricos e empíricos, e mesmo com o aprofundamento das análises, posterior ao término da pesquisa, outros campos teóricos foram se apresentando como mais coerentes com os resultados do trabalho de investigação e análise. É o caso, por exemplo, dos estudos de Baczko (1985) sobre o imaginário social, os de Chartier sobre representações sociais e os de Burke (1989, p.25) sobre cultura popular, que, mesmo indicando para a diversidade social e cultural interna à cultura popular na época moderna, define a cultura como "um sistema de significados, atitudes e valores compartilhados, e as formas simbólicas – apresentações, artefatos – nas quais elas se expressam e se incorporam".

Os resultados da pesquisa se apresentaram, por um lado, bastante "desafinados" com as abordagens teóricas da cultura vinculadas à "história das idéias", "das ideologias" ou "das mentalidades", sejam estas pensadas em termos de "visão do mundo", de "ideologia" e/ou como um aspecto da superestrutura, que é determinado pelas condições estruturais consideradas como concretas e objetivas (Darton, 1990; Chartier, 1990).

Por outro lado, fizeram bastante sentido tanto os modos como Baczko (1985) associa o estudo das práticas sociais às lutas pelo poder, por meio da disputa pelo controle do "imaginário coletivo",[7] como a reflexão teórica em que Chartier (1995) defende a necessidade de associação dos processos de construção das representações sociais à diversidade das vivências sociais e culturais mais particulares dos sujeitos. Para esse autor, é no nível da cotidianeidade que as práticas e representações são constantemente criadas, recriadas e improvisadas, sendo reapropriados e subvertidos os instrumentos simbólicos de dominação, deslocando-se suas construções. Para pensar sobre tais questões, é que o leitor está convidado a percorrer as páginas deste livro.

---

7   Conforme afirma Baczko (1985, p.309), é por meio de seus imaginários sociais que "uma coletividade designa a sua identidade, elabora uma certa representação de si; estabelece a divisão de papéis e das posições sociais; exprime e impõe crenças comuns; constrói uma espécie de *bom comportamento*".

1
PROCESSO DE TRABALHO E FERROVIAS NO BRASIL

A penetração das ciências humanas, principalmente a psicologia, nas relações industriais mediatizou consideravelmente as relações de autoridade. Os especialistas, suas medições e testes ocuparam o lugar dos porteiros e multas. Seu julgamento tem a imperiosidade da ciência.
Cada vez mais insensível e distante, a disciplina também é cada vez mais interiorizada [...] Os operários do início do século XIX ficavam desconcertados com o trabalho; nós ficamos desconcertados com a liberdade! Nosso contramestre é nossa consciência. Pode-se perguntar, nessas condições, se a autogestão, por sedutora que seja, não constitui uma última astúcia da razão.

(Perrot, 1988)

A politização do processo de trabalho

Observem-se os versos satíricos, sobre a orientação do trabalho no período pré-industrial da Europa Ocidental, que são citados por Thompson (1979, p.261) para demonstrar a irregularidade no trabalho com a guarda da "segunda-feira Santa", geralmente seguida de uma "terça-feira Santa", em que a norma de trabalho era tal que se alternavam golpes de trabalho intenso com a ociosidade, quando os homens controlavam suas próprias vidas em relação ao uso de seu tempo para a realização de suas tarefas:

> Já sabes irmão que segunda é domingo;
> E terça é outro igual;
> Na quarta à igreja hás de ir rezar;
> A quinta é mais folga;
> A sexta é muito tarde para começar;
> O sábado é novamente meia-folga.

Dessa forma, os ritmos de trabalho encontravam-se determinados pela relação homem-natureza, existindo uma demarcação menor entre trabalho e vida, pois as relações sociais e o trabalho estavam mesclados – a jornada de trabalho se alargava e se contraía segundo a necessidade.

O capitalismo industrial introduziu uma nova representação interna de tempo: o tempo disciplinado, cronometrado, com a imposição de um ritmo sincronizado e controlado de trabalho.

Da sociedade nascente do capitalismo industrial aos tempos recentes, são visíveis as várias transformações que foram ocorrendo na forma de organizar o trabalho diante da introdução de novas técnicas e de novos princípios, que orientassem a relação entre capital e trabalho, no interior do espaço da produção. Cada vez mais, intensificou-se o processo de racionalização do trabalho e uma perda definitiva do trabalhador com relação a seu produto e ao processo de produção, no interior do qual ele passou a ser rigorosamente controlado e administrado, segundo os princípios científicos de organização do trabalho.

A discussão historiográfica sobre esse tema, além de levar ao estudo do processo de trabalho dentro dos princípios da racionalização e da burocratização, propiciou também o estudo de vários autores que buscam investigar a existência de uma luta política entre capital e trabalho no interior do processo produtivo.

A parcelarização e a especialização das tarefas, a cisão do trabalho manual e intelectual, a monopolização da ciência e da técnica pelas classes dominantes e a centralização de poderes são situações criadas, ou que tomam formas específicas, no modo de produção capitalista. Marx (1980) nos introduz no desvendamento dessas relações de produção que estão centradas na exploração do trabalho pelo capital: a atividade produtiva é organizada pelo capital, tendo em vista o alcance de maior produtividade e maiores lucros, e, nesse sentido, utiliza-se sempre de novas técnicas de trabalho e de novas estratégias de controle sobre os trabalhadores.

Por sua vez, a análise das relações sociais de produção capitalistas colocadas pela introdução do sistema de fábrica e da tecnologia, assim como pela forma de organização racional do trabalho, corporificadas no taylorismo, no fordismo e na racionalização, indica para a existência de mecanismos que viabilizam uma dinâmica de poder interna ao processo de trabalho.[1]

Apresentando-se como um método para organizar cientificamente o trabalho, o taylorismo busca aumentar sua produtividade por meio da economia de tempo, suprimindo gestos e comportamentos desnecessários. Partindo do pressuposto de que os trabalhadores produziam menos do que podiam propositadamente e de que a anarquia nas formas de trabalho era a maior fonte de desperdício, o taylorismo propõe que a determinação das tarefas não deveria ser deixada a cargo dos operários, apegados a suas próprias tradições, e sim ser estudada, classificada e sistematizada pelos cientistas do trabalho: a gerência científica. Essa proposta implica separar, de um lado, as tarefas de planejamento e direção, e, de outro, as tarefas de execução.

A implementação do taylorismo é feita a partir da aplicação de alguns princípios básicos. Primeiro, a apropriação do saber-fazer

---

1 De Decca (1968, p.21) observa que "o taylorismo não foi uma transferência de autoridade dentro das fábricas, uma vez que ela já estava instituída pela ação dos empreiteiros e contramestres. Foi muito mais uma estratégia política para retirar o poder de decisão dos trabalhadores na fábrica, por meio de uma permanente apropriação de seu saber, visando com isto a destruir uma específica organização do processo de trabalho". Sobre o assunto, consultar também Linhart (1980).

do operário, para elaborar o método de trabalho mais rentável, por meio do recolhimento e da classificação de todo o conhecimento básico adquirido pelo trabalhador e a devolução desse saber reduzido a fórmulas, regras e leis como "a melhor maneira de se realizar uma operação". Segundo, a seleção, o ensino, o treinamento e o aperfeiçoamento científico do trabalhador. Terceiro, o estabelecimento de uma relação íntima e cordial entre o operário e a hierarquia da fábrica, anulando a existência de uma luta de classes no interior do processo de trabalho. Quarto, a manutenção da divisão eqüitativa do trabalho e das responsabilidades entre direção e operários (Rago & Moreira, 1984).

O fordismo, por sua vez, ao interpor procedimentos mecânicos à organização do processo de trabalho, contribui para aprofundar a quebra dos laços de solidariedade no interior do espaço fabril, além de carregar consigo um sistema de valores que traduzem e difundem a mentalidade racional, propondo um novo conceito de trabalho, do trabalhador e de capital.

Marglin (1980) apresenta a tecnologia como instrumento de controle engendrado pelo capitalismo, chamando a atenção para as estratégias de controle e disciplinarização promovidas pelo capital, em nome da ciência e da técnica, para fazer frente às resistências dos trabalhadores aos novos sistemas de trabalho. Esse autor considera que o controle do capital sobre os trabalhadores ocorre pela separação entre planejamento e execução, que desapropria o trabalhador de seu saber-fazer. Nesse sentido, acaba definindo o caráter da classe trabalhadora exclusivamente a partir da ação do capital, não considerando a incidência dos avanços tecnológicos no contexto da luta política interna ao processo de trabalho.

Apesar da reconhecida contribuição de Braverman (1981) para a investigação da natureza do processo de trabalho nas sociedades capitalistas, deve ser destacado este ponto considerado problemático por outros autores, tais como Marglin & Gorz (1980), que diz respeito ao não-reconhecimento da divisão do trabalho e da utilização da tecnologia como uma estratégia que se insere no contexto da luta política cotidiana, entre burguesia e trabalhadores, no espaço produtivo.

Esses autores consideram que a introdução de sistema de fábrica e da tecnologia pode ser entendida no contexto da luta entre capital e trabalho, em que o controle dos trabalhadores sobre o processo de trabalho, permitindo-lhes prescrever sua natureza, seu ritmo e a quantidade a produzir, é a contraface das estratégias controladoras e disciplinarizadoras do capital.

A análise de Marglin sobre a origem e as funções da divisão do trabalho no *putting out system* e no *factory sistem* chama atenção para a existência da luta de classes no interior do processo de trabalho. Para o autor, a primeira medida de divisão parcelarizada de trabalho baseada no *putting out system*, caracterizado pela distribuição da matéria-prima aos artesãos, de quem se compra o produto acabado, fez desaparecer apenas um dos aspectos do controle operário sobre o processo de produção: o controle sobre o produto. A segunda medida relacionada ao desenvolvimento da fábrica – *factory system* – foi introduzida para retirar o controle operário sobre o processo de trabalho: o trabalhador deixa de ser livre para escolher as horas e a intensidade de seu trabalho.

Concordando com esse autor sobre quais teriam sido os objetivos de introdução da divisão do trabalho e da tecnologia pelo capital, Gorz (1980) afirma que esses fatores não ocorreram em razão de sua eficácia técnica, mas, sim, por sua eficácia no contexto do trabalho alienado e forçado. Para ele, a raiz desse tipo de trabalho e de sua necessidade do ponto de vista do capitalismo deve ser buscada, principalmente, na divisão social do trabalho, que impõe aos operários os objetivos do capital, os quais lhes são estranhos: é preciso fazê-los trabalhar até o limite de suas forças, tendo em vista um resultado: a acumulação do capital, do qual o operário não tem e nem deve ter nenhuma parte.

Isso significa que os trabalhadores tiveram de perder seu poder – composto de habilidades, conhecimento profissional, de seu saber-fazer – de assegurar o funcionamento das máquinas por eles mesmos sem o auxílio de um enquadramento hierárquico formado por engenheiros, técnicos, profissionais da manutenção, preparadores etc., cuja função política consiste em perpetuar a dependência e a subordinação dos operários.

É interessante observar que, se o sistema de fábrica significou uma grande perda do poder dos trabalhadores, isto não ocorreu sem sua resistência e reconhecimento de que estava ocorrendo uma transformação radical nas relações de produção, que os desqualificava e expropriava de seu saber-fazer (Thompson, 1987).[2]

Essa perspectiva política também é observada por Castoriadis (1985), que considera existir uma fronteira entre o processo efetivo de direção e o de execução, na qual a determinação das normas, a cronometragem, o controle da quantidade, a classificação e a repartição das tarefas entre os operários não é definida antecipadamente, e sim por meio da ação e reação dos operários e do capital sobre as condições práticas de execução do trabalho. Dessa forma, o rendimento efetivo da força de trabalho é definido nessa fronteira, nessa luta implícita dos operários ante a organização capitalista de produção, que determina o conteúdo do trabalho realizado a partir de um determinado tempo e ritmo.

Nesse sentido, para o autor, a luta cotidiana dos trabalhadores na produção ultrapassa a questão da luta econômica das remunerações, pois questiona o principal fundamento da sociedade capitalista: a organização de seu processo de trabalho, com suas formas mais profundas e elementares do poder.

Acompanhando o processo de avanço da industrialização, é possível recuperar os desdobramentos dessa luta e as diferentes formas de que ela se reveste, em termos de resistência e/ou acomodação dos trabalhadores diante das estratégias do capital, buscando subordinar o trabalho.

Os regulamentos internos, as normas de serviço, as ordens e instruções emitidas pelas circulares, enfim, a forma administrativa, desde os seus fundamentos mais gerais até as suas formas mais particulares, desempenha um papel fundamental na constituição das relações de dominação no interior do processo de trabalho. Cada regra que é imposta, cada punição ou cada recompensa tem um alvo certo para

---

2   Ver interpretações de Thompson (1987) e de Hobsbawm (1981) sobre o caráter político do ludismo na Inglaterra, em que a luta proletária é analisada por meio das ações dos "destruidores de máquinas", no período que se estende do século XVIII até meados do XIX.

atingir: uma ação ou comportamento dos trabalhadores que provavelmente está lhes possibilitando algum espaço autônomo de atuação e de insubordinação à ordem e ao controle fabril.

Diante disso, o capital busca, constantemente, gerir nos mínimos detalhes todos os movimentos dos trabalhadores, tentando suprimir-lhes esses espaços, no empenho de torná-los cada vez mais obedientes, dóceis e produtivos.

O aperfeiçoamento dessa regulamentação e desses controles cotidianos sobre o trabalho operário é pertinente às estratégias domesticadoras do capital, num momento em que os métodos científicos de organização do trabalho passaram a sofrer as resistências dos operários e que se traduzem principalmente em "cera", absenteísmo, sabotagem, rebaixamento da qualidade do produto, roubo, negligência etc. Foram esses os novos desafios colocados pela classe trabalhadora ao capital, diante de intensificação do processo de racionalização que desqualifica e torna sem sentido qualquer trabalho como força produtiva, na medida em que esta se encontra fragmentada e tem como finalidade principal um objetivo – a acumulação, que é totalmente alheia aos interesses do trabalhador.

A organização científica do trabalho e a racionalização no Brasil

O questionamento do significado da divisão de trabalho, da desqualificação, da existência de relações de poder no interior do processo de trabalho, onde aparecem, num mesmo contexto, as estratégias de controle do capital e as resistências dos trabalhadores, vem ao encontro dos objetivos desta pesquisa, em que se investigam as transformações na organização do processo de trabalho na Estrada de Ferro Sorocabana e suas implicações quanto às relações de poder entre ferrovia e ferroviários.

As transformações de nível técnico, administrativo e de especialização dos trabalhadores que ocorrem nessa empresa ferroviária iniciam-se na década de 1920 e assumem suas formas mais elaboradas no contexto racionalizador da sociedade brasileira, das décadas de 1930 a 1940, quando o projeto de dominação da burguesia industrial, que busca dissolver a luta de classes, é viabilizado por diversas estratégias de controle e disciplinarização dos trabalhadores.

As abordagens historiográficas sobre esse processo racionalizador acompanham as conclusões apontadas por De Decca & Visentini (1976), que apresentam uma reinterpretação da revolução de 1930, a qual rompe com as análises anteriores, propiciando um novo enfoque das relações entre as classes sociais que estiveram presentes naquele cenário.[3]

Para De Decca (1981), o projeto político autoritário, inaugurado em 1930, foi formulado e defendido pela burguesia industrial, tendo como eixo o tema da industrialização, baseado na defesa da racionalidade e do cientificismo. Tal análise contrapõe-se à idéia de que tal momento teria sido o marco fundador de uma nova realidade, pois o entende como um prolongamento da ação dos industriais, que, nas décadas anteriores, já se encontravam às voltas com seus projetos baseados nas questões da organização e do controle do processo de trabalho.

Acompanhando esse caminho interpretativo, Antonacci (1985) analisa o processo racionalizador da sociedade brasileira, demonstrando que este foi fruto da experiência acumulada, na década de 1920, por vários grupos envolvidos com questões da organização científica do trabalho. Segundo a autora, a difusão desses princípios ocorreu num momento de redefinição das estratégias de dominação colocadas pela luta de classes e pela resistência dos trabalhadores diante de suas condições de trabalho e de vida. Essa resistência se deu tanto no interior do processo de trabalho, ameaçando a normalidade da fábrica em termos de poder e disciplina, quanto nas formas institucionais de luta política dos trabalhadores, que culminaram em suas significativas greves entre 1917-1920. Observa, ainda, que a normalidade do espaço de produção

---

3 Nessa perspectiva, as análises anteriores, que costumam ser entendidas como *vazio de poder, via prussiana* ou "autonomização do Estado frente às classes", não revelariam ou negariam a existência da divisão e luta de classes nesse período (Silva, 1987). Sobre as relações entre Estado e classes sociais, consultar Fenelon (1984).

encontrava-se ameaçada, já que os patrões, por meio da autoridade despótica e arbitrária, utilizavam inúmeras formas de resistência dos trabalhadores: roubo, destruição, sabotagem etc.

Conforme essa análise, a solução encaminhada pelos patrões foi a substituição do emprego da autoridade baseada na arbitrariedade e violência pela autoridade competente e neutra dos técnicos, por meio da reorganização do processo de trabalho, com base nos princípios e nas normas científicas. Dessa forma, a administração científica introduziu uma regulamentação na atividade produtiva, que deveria orientar e comandar todas as tarefas parcelarizadas da produção, instaurando novas normas de conduta, códigos de penalidades, punições e premiações, de forma a controlar nos mínimos detalhes toda a ação dos trabalhadores. Portanto, segundo esse entendimento, a implementação dessas novas propostas, visando à normalização das relações sociais de produção, teve sua origem numa crise que envolvia a combinação de vários dos elementos do processo de trabalho.

Esse conflito nas relações entre industriais e operariado pode ser acompanhado pelos registros historiográficos apontados por Munakata (1984) sobre o controle detido pelos trabalhadores sobre o mercado de trabalho, nas primeiras décadas do século XX. Esse autor enfatiza que, desde a década de 1910, os sindicatos de certos ofícios estavam exercendo um controle sobre o mercado de trabalho, diante da detenção pelos trabalhadores de um poder de decisão sobre o espaço fabril. Dessa maneira, os trabalhadores dispunham de meios para intervir nos limites do uso de sua força de trabalho e nas condições de sua remuneração, sendo o caso dos sindicatos da construção civil um dos melhores exemplos do sucesso desse controle. Antonacci (1985) chama atenção para o fato de que não é por acaso que entre as iniciativas pioneiras da organização científica do trabalho destaca-se a de Roberto Simonsen, que imprimiu essas diretrizes, em fins de 1918, às suas empresas de construção civil.

Por sua vez, De Decca (1983) observa que as greves de 1917-1920 colocaram em pauta a questão do controle sobre o processo de trabalho, pois os trabalhadores colocaram em discussão desde a má qualidade da matéria-prima até o trabalho "peça por peça" e os maus-tratos das

30 MARIA DE FÁTIMA SALUM MOREIRA

chefias. Essa resistência operária estaria relacionada às mudanças significativas que foram introduzidas em vários ramos da indústria, desde a década de 1910, onde, seja pela utilização crescente da maquinaria, seja pela intensificação do uso da força de trabalho nos locais em que não havia grande mecanização, ocorreu uma perda do controle operário sobre o processo de trabalho.

A situação de conflito e luta social, na qual é possível perceber o enfrentamento ocorrido entre trabalhadores e patrões no interior do processo de trabalho, permite entender a introdução da organização científica do trabalho, como forma de a burguesia destruir o poder operário e controlar o processo e o mercado de trabalho. Desse modo, não é possível reduzir a organização científica do trabalho à ação de um patronato preocupado exclusivamente com a eficácia e o crescimento ordenado de suas empresas, pois, conforme assinala Antonacci (1985),

> para anular seu saber técnico em termos de organização e modos de operações e seu poder de decisão em termos de ritmos de trabalho, bem como suas conquistas sindicais em termos de controle do mercado de trabalho via transmissão dos ofícios, os industriais promoveram a fragmentação das tarefas, a simplificação e padronização dos gestos e movimentos, concomitantemente a uma recolocação do poder e da autoridade no universo fabril.

Assim, a utilização da força de trabalho de forma despótica, arbitrária e intensiva precisou ser redefinida por meio da implementação de um espaço de produção higiênico e harmonioso, regulado por normas científicas e neutras.

Rago (1985, p.19) realiza um estudo sobre esse processo, ressaltando que a transformação da "fábrica satânica" em "fábrica higiênica", na década de 1920, marca o início de um novo regime disciplinar, em que foram introduzidas "novas técnicas moralizadoras, disciplinas doces e suaves", "que pretendem tornar o espaço de produção tranqüilo, agradável, limpo e atraente para o trabalhador". Porém, diferentemente de Antonacci (1985), Rago (1985) não dá ênfase à inter-relação entre o processo de higienização da fábrica e a introdução dos princípios de organização científica no processo de trabalho antes de 1930.

Essas análises indicam, ainda, para o fato de que os projetos burgueses com vistas à subordinação e ao controle da força de trabalho passam pelo reordenamento global da sociedade e da política. Nesse sentido, desde a década de 1920 já eram visíveis múltiplas estratégias de moralização e disciplinarização dos trabalhadores, as quais incidiam diretamente sobre todos os poros de sua vida social: moradia, lazer, saúde, hábitos, vida familiar etc.[4]

Segundo tal entendimento, o projeto de criação de uma sociedade asséptica e livre do conflito contou com a contribuição disciplinizadora da engenharia sanitária, da arquitetura, do urbanismo, das instituições de assistência social, da polícia e da medicina social, de onde surgiu a psiquiatria como especialidade autônoma. Cunha (1985) destaca o papel da psiquiatria paulista como normalizadora do social nesse período, que passou a intervir em todos os pontos que pudessem ser considerados detonadores da loucura, incidindo sobre usos, costumes, condições de vida, práticas sociais e culturais dos trabalhadores.

Quanto à realização de estratégias que incidem de forma direta sobre a organização do processo de trabalho, elaboraram-se novos métodos e novas técnicas disciplinares, baseados na utilização de vários ramos científicos, que deveriam cuidar do preparo psicológico dos trabalhadores. Essas novas técnicas disciplinares baseavam-se nas questões da seleção física e psicológica e de formação e treinamento dos trabalhadores.[5] O caráter assumido pelos cursos

---

4 Verificar o estudo a respeito do cotidiano da classe operária e da ação dos reformadores sociais, incidindo sobre a vida operária, em relação às questões de saúde, lazer, habitação, higiene, assistência etc., desde a década de 1920, em De Decca (1987).

5 Procurando resolver os problemas de realização dos princípios tayloristas, buscavam-se soluções psicofísicas, aliando a organização técnica das fábricas à preparação do fator humano. "Assim, utilizando os métodos da Psicotécnica, os técnicos procuraram primeiramente conhecer, através da análise do trabalho, as aptidões requeridas para cada tarefa, depois verificar, através de testes, as tendências e disposições de cada aprendiz: finalmente, selecionar e distribuir os aprendizes nas máquinas-ferramentas com base nos resultados das operações anteriores, educando as habilidades e capacidade individuais. Estes dados [...] constituíram-se em instrumentos básicos para obtenção do 'The right man in the right place'" (Antonacci, 1985, p.36).

profissionais ferroviários, baseados na "organização científica do trabalho" – que se iniciaram no "Serviço de Ensino e Seleção Profissional" da Sorocabana (1930), ampliando-se para as demais estradas paulistas por meio do Centro Ferroviário de Ensino e Seleção Profissional (1934) –, revela os novos rumos e moldes assumidos pela administração científica do trabalho, diante das resistências dos trabalhadores.

Por meio desses cursos, os ferroviários foram selecionados e treinados para o trabalho segundo as condições físicas, psíquicas, profissionais e morais requeridas para a realização eficiente e disciplinada de cada tarefa.

O "Centro Ferroviário de Ensino e Seleção Profissional" foi um dos resultados da articulação maior que a burguesia industrial passou a exercer, a partir de 1930, visando defender seus projetos e interesses de racionalização integral da sociedade. Nesse sentido, em 1931, foi fundado o Instituto de Organização Racional do Trabalho (Idort), em torno do qual a burguesia se reunia na luta pela implementação, em São Paulo, das normas e dos princípios da organização científica, objetivando difundir suas propostas para a sociedade brasileira como um todo (Antonacci, p. 84-5).

Este estudo permite que se percebam as dimensões tomadas pela luta de classes, entre 1929-1945, na medida em que as ações dos empresários em torno do Idort podem ser entendidas a partir das resistências que são colocadas pelos trabalhadores, diante de suas condições de trabalho.

Ao defrontar-se com os obstáculos à aplicação da organização científica do trabalho, foram sendo redefinidas as estratégias de dominação do capital que passaram pela incorporação dos conhecimentos das ciências biológicas e das ciências sociais ao processo produtivo.

Se a elaboração da tecnopsicologia do trabalho foi um desses momentos de revisão dos procedimentos do taylorismo, a atuação dos assistentes sociais nas empresas, na década de 1940, pode ser entendida nesse mesmo contexto de avanço da racionalização. A partir dessa década, buscou-se integrar ao preparo técnico, físico e mental do trabalhador o controle sobre sua vida funcional e privada, por meio da criação, pelas empresas, dos departamentos de serviço social.[6]

Nesta pesquisa, procura-se acompanhar de que forma as relações de dominação e resistência, no interior do processo de trabalho da Estrada de Ferro Sorocabana, determinaram a reorganização do trabalho em moldes racionais e de que maneira ocorreu seu prolongamento em termos de resistência ou acomodação às novas condições de trabalho.

A proposta de racionalização da sociedade brasileira, visando ao controle e à disciplinarização do processo de trabalho, também passou pela definição de novas regras que regulamentassem a compra, a venda e o uso da força de trabalho.[7] Assim, buscou-se neutralizar todas as esferas de atuação política dos trabalhadores, isto é, dentro e fora de seu espaço de trabalho.

Para Silva (1983), a gestão do Estado no mercado de trabalho, pós-1930, foi o resultado de um longo processo de lutas travadas entre a burguesia industrial e os trabalhadores em torno da questão do contrato de trabalho, em que os trabalhadores, pelo embate direto entre as partes, tinham várias propostas apontadas.

Analisando o posicionamento assumido pelo movimento grevista de 1932, em São Paulo, Silva (1983) observa que a burguesia imprimiu violenta derrota aos manifestantes, que, liderados pelos anarcossindicalistas, lutavam pela preservação da autonomia sindical.

Segundo tal interpretação, a gestão do Estado significou o término da luta direta entre trabalhadores e burguesia, pela definição das regras que gerissem o mercado de trabalho. Significou, ainda, a quebra da

---

6   Os primeiros estudos sobre esse tema datam do final da década de 1920, quando uma equipe da Escola de Administração de Harvard, sob a chefia de Elton Mayo, realizou várias críticas quanto à eficácia da psicologia industrial, propondo novas soluções sociológicas para a habituação do trabalhador ao processo de trabalho (Braverman, 1981, p.128-9).

7   É importante destacar que esta análise não pressupõe que a burguesia industrial tivesse um projeto político de dominação plenamente articulado em todos os seus aspectos, nem que este tenha se esboçado para a classe como um todo. As perspectivas em torno da gestão científica do trabalho foram encaminhadas por setores da burguesia, que paulatinamente foram envolvendo as diversas parcelas dessa classe em torno de seus propósitos (Antonacci, 1985, p.26-7).

autonomia política dos trabalhadores e a possibilidade de viabilização das propostas da burguesia industrial.

Neste trabalho, procura-se reconhecer os caminhos percorridos pelo movimento sindical dos ferroviários, recuperando suas reivindicações, principalmente em torno das questões internas ao processo de trabalho. Nesse sentido, deve ser levado em conta que, no período pós-1930, a categoria ferroviária paulista encontrava-se dividida e em luta interna, e os ferroviários da Sorocabana posicionaram-se a favor do sindicalismo oficial e da aplicação das regras legais para o funcionamento do mercado de trabalho. Dessa forma, com a oficialização e atrelamento do sindicato, foi dado um novo encaminhamento e contorno à luta entre ferrovia e ferroviários.[8]

As estradas de ferro no Brasil e o processo de trabalho

As estradas de ferro são instaladas, no Brasil, a partir da segunda metade do século XIX, constituindo um notável espaço de investimento capitalista e de implementação do trabalho assalariado em grande escala (Costa, 1976).

Os aspectos econômicos, entendidos como determinantes desse fato, são relacionados ao processo de desenvolvimento da economia brasileira, que se apresenta como resultado da generalização das relações de produção capitalistas em escala internacional, por meio de empréstimos e de aplicação de capital, e também das necessidades de sua própria dinâmica interna, em que surgem imperativos de rompimento com os entraves impostos ao processo de acumulação. Uma das novas necessidades para a expansão do capital é a diminuição do custo crescente dos transportes, na medida em que a produção destinada aos portos se encontra extremamente distanciada desses locais de exportação.

---

8   Sobre a análise da estrutura sindical gestada no pós-1930 e seu sentido em relação às necessidades de acumulação de capital, assim como seu caráter coercivo sobre a classe trabalhadora, consultar Bernardo (1982).

Assim, a importância das ferrovias no contexto da expansão cafeeira para o interior paulista é relacionada à necessidade da agilização na circulação de mercadorias, para evitar a desvalorização do produto e a diminuição do lucro obtido pelos cafeicultores.

Vários estudos sobre a implementação e o funcionamento das ferrovias no Estado de São Paulo apontam para a estreita relação existente entre o desenvolvimento do mercado cafeeiro, o crescimento da população e a prosperidade ferroviária (Matos, 1981).

Entretanto, também tem sido apresentada uma crítica à ênfase excessiva, dada pelos estudiosos da implementação e do desenvolvimento das ferrovias no Brasil, aos aspectos da produtividade e da acumulação, subestimando as questões que envolvem a temática do poder e, portanto, não considerando o fato de que "a implantação das ferrovias constituía-se, entre outras coisas, em estratégias das classes dominantes na luta a resistência secular do trabalho disciplinado" (Barreiro, 1989, p.460).

Chamando a atenção para o fato de que a técnica não é neutra e não se reveste de um conteúdo estritamente econômico, Barreiro (1989) aponta para as relações de poder que implicavam a expansão ferroviária para as regiões onde os habitantes, encontrando-se dispersos e isolados, detinham suas próprias representações internas de tempo e trabalho, as quais se contrapunham às formas de trabalho disciplinado e produtivo determinadas pelos interesses do capital. Concluindo, Barreiro (1989, p.456 e 461) afirma que as ferrovias promoviam "o desaparecimento progressivo da memória vinculada aos espaços tradicionais das pousadas, vendas e barracas de ferreiros ambulantes de beira de estrada" e destruíam "obstáculos naturais que protegiam os habitantes do sertão contra a intervenção das regras e normas da sociedade moderna, impossibilitando a apropriação e organização capitalista daquele espaço".

Foot Hardman (1988, p.137) discute as condições em que ocorreu a construção da ferrovia Madeira-Mamoré e também assinala a existência de outras determinações permeando as decisões que levaram à realização de tal empreendimento, que não os interesses estritamente econômicos, uma vez que a decisão de construir aquela estrada de ferro numa região insalubre quase inacessível possui determinações mais específicas que passam pela afirmação nacional, pelo desejo de dominar o desconhecido, o selvagem, pelo afã em dado momento incontornável – de percorrer territórios estranhos e de transformá-lo, neles imprimindo as marcas conhecidas da engenharia mais avançada.

À medida que se consolida e se desenvolve a empresa ferroviária no Brasil, implementa-se, definitivamente, o mercado urbano de trabalho assalariado, particularmente em São Paulo, atraindo tanto a mão-de-obra nacional como a estrangeira (Costa, 1976). Dessa maneira, as ferrovias foram os primeiros grandes núcleos de trabalho assalariado no país, apresentando-se como um notável espaço de relacionamento entre capital e trabalho. Elas tornaram-se responsáveis pelas primeiras experiências sistemáticas de treinamento da força de trabalho, sendo pioneiras na introdução de práticas racionalizadoras na atividade produtiva. Atuaram, portanto, como verdadeiras escolas na formação de hábitos de trabalho, segundo a concepção capitalista (Costa, 1976; Segnini, 1982).

Para Cruz (1976), "os ferroviários notabilizaram-se pelo seu grau de participação e resistência nos movimentos trabalhistas", demonstrando, também, que os trabalhadores em serviço vivenciaram no momento inicial da classe ao lado do operariado fabril a experiência da dominação capitalista, assim como marcaram sua presença e importância no interior da luta política do operariado urbano, nas primeiras décadas do século XX.

Ao investigar as condições de prosperidade e declínio do sistema ferroviário paulista, Saes (1971) analisa de forma específica a possibilidade de as estradas de ferro terem entrado em decadência em conseqüência de uma administração ineficiente das empresas e, especialmente, das empresas públicas. Sua conclusão é a de que a implementação e o funcionamento das ferrovias se fizeram por meio de uma estreita ligação com o mercado cafeeiro, e as crises do café e a crescente diminuição da rentabilidade de seu transporte pelas empresas foram os fatores determinantes de seu declínio. Após realizar um levantamento estatístico da organização administrativa e da

rentabilidade das empresas, o autor conclui que não havia nelas ineficiência na administração, e a Empresa Sorocabana, estatal, não podia
ser considerada menos eficiente do que as privadas. Essa hipótese de
ineficiência encontra-se relacionada com a idéia de "empreguismo"
nas empresas estatais. Contudo, Saes (1971) constata que a Sorocabana
tinha menor número de empregados por unidade de serviços realizados e apresentava menores gastos em despesas com pessoal do que a
Paulista, considerando-se a participação percentual das despesas com
o pessoal no total da despesa do custeio com as ferrovias.

Observa-se, portanto, que existem dois componentes básicos na
determinação das despesas das ferrovias: pagamento ao pessoal e gastos
com combustível. Os pagamentos ao pessoal absorvem parcelas pró-
ximas ou superiores a 50% do total da despesa de custeio das ferrovias,
esses valores, somados aos gastos com combustível, atingem em torno
de 75% de sua despesa total. Saes (1971) explica que a variável que marca as flutuações da despesa é a taxa de câmbio, pelos efeitos exercidos
sobre o nível dos salários e o custo do combustível. O autor destaca
ainda que, na década de 1930, o surgimento dos encargos trabalhistas
foi outro fator adicional para o acréscimo das despesas.

Essas indicações proporcionam dois tipos de avaliação para esta pesquisa: primeiro, embora a Empresa Ferroviária Sorocabana seja estatal,
não podemos considerá-la menos eficiente na organização do trabalho,
nos moldes capitalistas, do que as empresas particulares, e, segundo,
em razão de os custos com o pessoal serem um fator fundamental na
determinação das despesas das ferrovias, costuma-se considerar que a
reorganização do processo de trabalho visa apenas modificar as relações
com o pessoal com o propósito de diminuir esses custos.

Os objetivos econômicos das transformações costumam ser
colocados à frente e ofuscam os objetivos políticos destas, porque,
certamente, não interessa ao capital evidenciar a existência dessa forma de resistência dos trabalhadores em submeter-se ao processo de
exploração no trabalho. Desse modo, os objetivos políticos devem ser
procurados não apenas nas linhas, mas também nas entrelinhas dos
relatórios oficiais. Devem ser procurados no dia-a-dia de trabalho,
quando é preciso perceber o que ocorre por trás das determinações

inscritas nos regulamentos e das premiações e punições impostas aos trabalhadores, em sua atividade cotidiana.

Outra questão a ser colocada é sobre quais seriam os motivos pelos quais os trabalhadores não produziam e não economizavam o máximo possível nos sistemas de trabalho que eram objeto de transformações. A ineficiência do controle da empresa não estaria em permitir que sobrassem espaços para uma livre atuação dos trabalhadores, permitindo-lhes determinar seus ritmos de trabalho, "enrolar" seu tempo, não se concentrar na execução das tarefas, dispersar material de trabalho, roubar, sabotar etc.?

No estudo em que tratou das relações entre ferrovia e ferroviários, Segnini (1982) aponta as relações que percebe existir entre as transformações na organização do processo de trabalho e as estratégias disciplinares sobre os trabalhadores, realizadas pela Companhia Paulista de Estradas de Ferro. Distingue três fases distintas, marcadas por características próprias da organização do trabalho e disciplinarização dos trabalhadores. A primeira fase (1868-1885), bastante próxima do passado escravocrata, caracterizava-se pela "dominação sem disfarces", em que o autoritarismo e a violência são as forças usuais para obter o controle sobre a coletividade ferroviária.

A segunda fase (1885-1928) marca o pioneirismo das ferrovias nas experiências de práticas paternalistas de controle do trabalho, por meio das sociedades beneficentes, associações protetoras, cooperativas, moradias próprias etc. Na terceira fase (a partir de 1928), a autora considera que vai ser utilizada a "ciência como instrumento de dominação", pela introdução de inovações tecnológicas e dos princípios de administração tayloristas. Dessa forma, é implementada a racionalização que ocorre, inicialmente, com a introdução de tecnologia moderna, que substitui o homem pela máquina, e, logo após, com a implementação da organização racional do trabalho, por meio de sua divisão, supervisão cerrada e disciplinarização. Segnini (1982) afirma que o conteúdo da organização racional do trabalho, engendrado por Frederick Taylor, é assumido pela organização burocrática da empresa e apresentado à sociedade e aos ferroviários, em particular, como ciência.

Neste trabalho, também se procura conhecer as bases em que ocorrem as mudanças para a organização do processo de trabalho com práticas racionalizadoras nas ferrovias. Porém, no interior dessa problemática, está sendo privilegiado o estudo das ações da categoria ferroviária nas transformações ocorridas na organização do processo de trabalho e das formas como essas determinações foram incorporadas pelos trabalhadores.

Nesse ponto, esta proposta de análise diferencia-se daquela apresentada por Segnini, que não explicita a existência de um campo de luta entre ferrovia e ferroviários no interior do processo de trabalho. Tal questão é pouco explorada em seu estudo, embora a autora houvesse proposto demonstrar que a organização burocrática ferroviária sofre transformações, principalmente, a partir das pressões e do comportamento dos trabalhadores. Também é problemático o fato de a autora tomar a reforma administrativa de 1928 como marco fundador da fase de organização científica do trabalho na Companhia Paulista, pois esta pode ter significado apenas o prolongamento e o aperfeiçoamento de um processo que visava à racionalização integral da produção.

Apesar de citar as transformações tecnológicas ocorridas no período anterior, Segnini não discute toda a sua importância no que se refere às transformações nas relações entre ferrovia e ferroviários. Os conflitos entre a administração e os trabalhadores já eram indicados publicamente na greve de 1906, que tivera entre um de seus motivos o desentendimento dos ferroviários com o chefe de locomoção, Francisco Paes Leme de Monlevade, em torno das condições de trabalho nas oficinas, conforme levantou Segnini (1982, p.49).[9]

No final da década de 1910, Monlevade permaneceu durante dois anos nos Estados Unidos (de 1916 a 1918), procurando aperfeiçoar-se nos novos métodos de organização científica do trabalho.

Trouxe de lá uma *idéia completa de revisão dos serviços das oficinas*, de suas máquinas, das qualidades de suas ferramentas, de seus aços e

---

9   Sobre o movimento operário no período, consultar Sferra (1982) e Leme (1986).

velocidades de trabalhos, dos processos de fundição, de pintura, de transporte interno, de emprego de ar comprimido e outros, da *organização fundamental e condução administrativa das Estradas de Ferro.* [...] datam desta época a concentração de oficinas de locomotivas em Jundiaí e da de carros e vagões, em Rio Claro [...] além do *grande aperfeiçoamento dos padrões técnicos desta matéria.* [Discurso do engenheiro da Companhia Paulista Artur Antunes Maciel, de 28.9.1939, grifos nossos]

Conforme se pode perceber, as questões da reorganização técnica e administrativa da Paulista já foram nitidamente colocadas em período anterior àquele destacado por Segnini (1982), já que essa ferrovia já iniciara em 1919 a eletrificação de suas linhas, tendo inaugurado em 1922 seu primeiro trecho, de Jundiaí a Campinas.

Além disso, as estratégias de controle "paternalistas" apontadas por Segnini merecem ser reavaliadas quanto a seus princípios e objetivos, que, em nossa opinião, não devem ser desvinculados do mesmo contexto de transformações e de luta que ocorrem no âmbito da organização racional do trabalho (cf. Martins, 1998; Munakata, 1981; Gomes, 1979).

Entendendo que a análise das relações de poder existentes entre ferrovia e ferroviários não se restringe às questões internas ao processo de trabalho, pois o campo político dessa luta extrapola o espaço de produção, visa-se acompanhar a vida do ferroviário dentro e fora do trabalho. Nesse sentido, inquiriu-se sobre quais teriam sido as determinações que levaram a Estrada de Ferro Sorocabana, a partir da década de 1920, a realizar várias transformações de nível técnico, administrativo e de especialização dos trabalhadores, assim como se indagou sobre quais teriam sido as formas e quais seriam os significados das intervenções da empresa que incidiram diretamente sobre a vida cotidiana dos ferroviários, fora de seu tempo de trabalho.

A análise da questão política no interior das práticas racionalizadoras do trabalho requer um reconhecimento sobre os tipos de atividade e força de trabalho que a empresa ferroviária necessita para seu funcionamento; portanto, a seguir, eles serão brevemente apresentados.

A empresa ferroviária constitui-se pela interligação de várias e diversificadas atividades, que, em seu conjunto, formam um grande complexo industrial, cujo objetivo é a realização do transporte e o lucro que daí advém. Assim, o funcionamento do transporte ferroviário exige um quadro diverso e numeroso de trabalhadores, cujos esforços devem estar combinados para atingir os objetivos da empresa.

Apesar da diversidade dos serviços, é possível reuni-los em grupos que têm a mesma finalidade e que, segundo a forma organizacional técnica e administrativa das empresas ferroviárias, são realizados, geralmente, por meio do "sistema departamental" ou do "sistema divisional".[10]

A divisão de trabalho no "sistema departamental" é feita de forma horizontal, isto é, por agrupamento dos serviços análogos em departamentos, que assumem esse processo de forma autônoma – seus chefes têm liberdade de ação e a responsabilidade pelo planejamento e pela execução dos trabalhos de seu grupo. Desse modo, existe uma ação simultânea e combinada entre as tarefas de planejar e de executar.

Existe ainda uma relação verticalizada e centralizadora da direção de todos os departamentos: seus chefes devem prestar conta de sua atuação ao administrador geral da ferrovia, consultando-o, seguindo as instruções deste, assim como lhe pedindo autorização quando faltar ao departamento competência para resolver as situações.

Assim, embora os departamentos sejam autônomos entre si, a liberdade de ação destes restringe-se à não-interferência dos outros departamentos sobre suas resoluções, existindo uma ação única, centralizada na diretoria, sobre todas as atividades realizadas por eles.

A organização administrativa departamental costuma ser a seguinte:

---

10   A exposição que se segue sobre a organização da empresa ferroviária (modelo departamental e modelo divisional) é baseada na análise do texto "Organização ferroviária para uso do Curso de Ferroviários anexo ao núcleo de Ensino Profissional de Jundiaí" (Estrada de Ferro Sorocabana, 1944). Convém lembrar que, a partir do final da década de 1920, as empresas ferroviárias, uma após outra, passam a implementar o sistema divisional, o qual configura a forma administrativa mais diretamente relacionada aos moldes científicos de organização do trabalho.

Quanto ao "sistema divisional", é possível caracterizá-lo pela divisão de trabalho entre os serviços de planejamento técnico e os de execução de transportes. Dessa forma, os departamentos, divididos pelas diferentes especialidades, assumem as tarefas de pensar e planejar os métodos de realizar os trabalhos para toda a rede ferroviária. As divisões, por sua vez, constituem-se em corpos administrativos, localizados ao longo das linhas, com a autoridade circunscrita a uma determinada extensão destas e que devem ser responsáveis pela execução das tarefas relacionadas ao transporte. Tal execução é feita pela observação dos manuais, regulamentos e cadernos de instrução, elaborados pelos departamentos técnicos.

Os departamentos do tráfego, da engenharia mecânica e da conservação da linha são os órgãos técnicos do transporte ferroviário, e as divisões, seus órgãos executivos, isto é, têm a função primordial de fazer executar os transportes diariamente.

A ação das divisões é concentradora, pois reúne sob a autoridade do superintendente – o chefe da divisão – os serviços orientados tecnicamente pelos departamentos do tráfego, linha e mecânica. Para executar as tarefas de transporte, os superintendentes concentram dentro de sua divisão três auxiliares com funções distintas: chefias de tráfego, de tração e de linha.

A chefia de tráfego recebe e atende a requisições de transportes. Faz executar o serviço de baldeação e carregamento das mercadorias, manobras e vagões. Providencia a formação e movimento de trens. Por causa dessas funções, a chefia de tráfego tem sob suas ordens todo o pessoal das estações e dos armazéns, os guarda-trens e maquinistas, quanto à escala diária, ao ponto e à circulação de trens.

A chefia de tração é responsável por todo o serviço de locomotivas e materiais rodantes. É de sua alçada a inspeção, conservação e reparação de todo esse material. Compete, ainda, a essa chefia a execução e fiscalização da compra de combustível e a direção e inspeção do serviço de maquinistas e foguistas, na condução de trens. Essas funções são relacionadas aos trabalhos de mecânica nas ferrovias e podem encontrar-se divididas em dois setores: o de tração, que é ligado às oficinas de manutenção e conservação de carros e locomotivas, e o de locomoção, que é responsável pela construção e reparação de carros nas oficinas.

A chefia de linha tem a seu encargo a conservação das linhas, infraestruturas e superestruturas.

Essas três chefias, sob as ordens do superintendente, realizam dentro de cada divisão os serviços atinentes a seu departamento, seguindo à risca as instruções recebidas por intermédio do superintendente.

A organização ferroviária divisional pode ser entendida por meio do seguinte organograma:

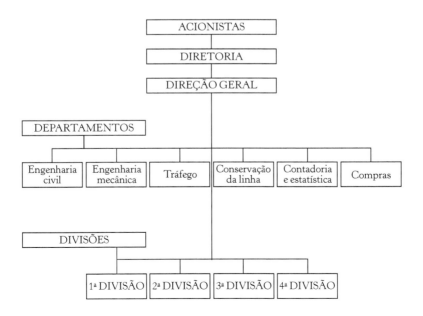

É importante destacar que, no sistema divisional, os superintendentes das divisões dependem exclusivamente do diretor-geral da Estrada de Ferro e, dentro de sua divisão, são a primeira e geral autoridade. Dessa maneira, respondem pelo cumprimento de seus deveres diretamente ao poder geral do diretor, embora suas obrigações sejam a de fazer que sejam intransigentemente cumpridos os regulamentos, as instruções e os métodos de serviços elaborados pelos três departamentos técnicos.

Para completar esse reconhecimento sobre a organização ferroviária, é importante destacar mais duas questões: a primeira é sobre quais são, especificamente, as funções de cada setor técnico e administrativo dos serviços da ferrovia, e a outra é sobre o quadro diversificado de categorias de trabalhadores que são requeridos por tais serviços.

Num primeiro grupo, estão os serviços relacionados à "engenharia civil" e que se referem ao estudo, ao projeto e à construção de linhas, esplanadas, edifícios, pontes, viadutos, túneis ou à reparação e conservação dessas obras. No segundo grupo, encontram-se as atividades de "engenharia mecânica" que tratam da construção e montagem do material rodante (vagões, carros, gaiolas, gôndolas) e do material de tração (locomotivas, automotrizes), assim como da reparação e conservação dos mesmos. Cuidam também da fabricação do maquinário e das ferramentas para as oficinas. Administram os serviços de tração executados pelos maquinistas, foguistas, limpadores, examinadores de veículos e lenheiros.

Para o terceiro grupo, são convergidas as atividades relacionadas ao "tráfego" que dizem respeito à organização da circulação de trens, por meio do estudo dos resultados técnicos e econômicos do serviço de transporte, à vista da estatística mensal das "toneladas quilômetro por trem-hora", e do estudo sobre as zonas produtoras que possam oferecer grandes possibilidades de transporte ferroviário. Tratam do projeto de construção ou reparação e conservação do sistema de sinalização e dos meios de comunicação telegráfica e telefônica.

No quarto grupo, encontram-se as tarefas de conservação da linha permanente, como a reforma do lastro ou a troca de trilhos e dormentes, quando isso se faz necessário.

FERROVIÁRIOS, TRABALHO E PODER   45

No quinto grupo, reúnem-se os trabalhos relativos à "contadoria" da empresa: do registro do dinheiro recebido pelas estações, registro dos gastos realizados, demonstração da balança econômica, elaboração de tarifas etc.

O último grupo refere-se às funções de "compras e tesouraria", com a incumbência da compra de materiais, organização de estoque de materiais e distribuição destes, com o registro exato de suas entradas e saídas.

Essa variedade de serviços, implicando uma combinação de várias especializações técnicas e profissionais, encontra-se organizada de forma diversificada em cada ferrovia. Embora ordene os trabalhos de acordo com suas especificidades, a estrutura adotada pelas ferrovias não foge aos princípios norteadores das organizações ou departamentais, ou divisionais.

As categorias e classes dos trabalhadores da Estrada de Ferro Sorocabana, no ano de 1944, são apresentadas em uma circular, na qual pode ser observado um numeroso e diversificado quadro de funcionários que se encontram divididos em várias subespecializações. Reúnem-se na empresa ferroviária diversas categorias de trabalhadores: mecânicos, telegrafistas, armazenistas, maquinistas, trabalhadores de linha, escriturários etc., que experimentam vivências diferenciadas em relação ao modo de executar seu trabalho e de se relacionar no processo produtivo.

Como se pode perceber, gerir e controlar esse espaço de trabalho heterogêneo e numeroso foi o grande desafio que se colocou para as estradas de ferro, desde sua instalação. Nesse sentido, percebe-se que várias estratégias de controle e disciplinação dos trabalhadores ferroviários são colocadas em funcionamento desde seu início, recebendo diversas modificações no decorrer do tempo.

2
A ESTRADA DE FERRO SOROCABANA
NA DÉCADA DE 1920: TRABALHO E LUTA

O consumo da força de trabalho é produção ao mesmo tempo de mercadoria e de mais-valia. Efetua-se como o consumo de qualquer outra mercadoria fora do mercado ou da esfera de circulação.

Vamos, pois, junto com o possuidor de dinheiro e o possuidor da força de trabalho, sair dessa esfera barulhenta, onde tudo se passa na superfície e aos olhares de todos, para seguir os dois no laboratório secreto da produção, no limiar do qual está escrito: No Admittance except on business.
(Marx, 1975)

Origens e expansão

A história ferroviária de São Paulo registra que, na última década do século XIX, um húngaro chamado Luiz Matheus Maylasky, divergindo dos dirigentes da Companhia Ituana, pela recusa destes em aceitar que os trilhos de Itu-Jundiaí se prolongassem até Sorocaba, teve um gesto de rebeldia e conclamou seus companheiros sorocabanos a abandonarem o empreendimento ituano e partirem para a organização de uma nova linha ferroviária entre São Paulo e Sorocaba.

Conta-se também que, diante das dificuldades em angariar capitais para tão arrojado empreendimento, Maylasky, numa atitude teatral em praça pública, lançou uma moeda ao chapéu que retirara da cabeça e proclamou enfaticamente sua disposição em criar uma nova companhia, iniciando seu fundo com aquele capital (Gaspar, 1950). Percorreu, então, todo o município de Sorocaba e circunvizinhos, buscando obter subscrições junto aos fazendeiros e comerciantes locais, a fim de organizar a Companhia Sorocabana, conseguindo realizar o capital de 4.000.000$000 (quatro mil contos) (Estrada de Ferro Sorocabana, s. d., p.12).

Dessa forma, atribuiu-se à ousadia e ao capricho desse personagem a iniciativa que reuniu os sorocabanos em torno da construção da Companhia Sorocabana.

O primeiro estatuto dessa companhia, aprovado pelo governo federal imperial, foi datado de 24 de maio de 1871, Decreto n° 4.729, depois modificado em 26 de dezembro de 1874, pelo Decreto n° 5.840, e novamente em 11 de maio de 1878, pelo Decreto n° 6.897. Os contratos foram lavrados entre os governos geral e da província de São Paulo e a diretoria da Companhia Sorocabana. Pelo primeiro contrato, foi criada uma sociedade anônima com a denominação "Companhia Sorocabana", tendo por fim construir uma via férrea da fábrica de Ipanema a São Paulo, passando por São Roque. Pelo artigo 30, verifica-se que o capital da companhia era de 7.200.000$000 (sete mil e duzentos contos), divididos em 36.000 ações de 200$000 (duzentos réis) cada uma (*Ilustração Nossa Estrada*, 1950, p.14).

No contrato lavrado entre o presidente da província e Maylasky, a 18 de julho de 1871, estabeleceram-se várias cláusulas, e entre elas a de número 15 declarava o seguinte:

o governo provincial garante à Companhia Sorocabana, durante o prazo de 90 anos, a contar da primeira chamada de suas ações, juros de 7% ao ano, pagáveis de 6 em 6 meses sobre o capital realizado, até a soma de 4.000.000$000 (quatro mil contos). (*Ilustração Nossa Estrada*, 1950)

A 10 de julho de 1875, foi inaugurado oficialmente o trecho São Paulo-Sorocaba, com 110 quilômetros de linha, tendo Maylasky assumido a presidência da "Companhia Sorocabana de Estradas de Ferro", que contava com seis locomotivas, treze carros de passageiros e cinqüenta vagões para cargas.

Há cerca de vinte anos antes dessa data, o Brasil havia iniciado sua "era ferroviária". Em 30 de abril de 1854, fora inaugurado o primeiro trecho da Estrada de Ferro de Petrópolis, iniciativa pioneira de Mauá. Em 1864, os trens de D. Pedro II chegaram a Rezende, depois de terem galgado a Serra do Mar. Em 1867, a São Paulo Railway Company, ligando o Porto de Santos ao planalto, também inaugurava um novo e importante traçado na linha férrea paulista (Benévolo, 1953).

Desde meados do século XVIII, Sorocaba tornara-se conhecida em todo o centro e sul do Brasil como grande mercado de venda e distribuição de muares necessários às tropas utilizadas nos transportes internos. A importância econômica e social de Sorocaba relacionava-se ainda a sua localização como ponto de entroncamento de estradas, que a transformava em mercado coletor e redistribuidor de mercadorias. Entretanto, a vida sorocabana era comandada por suas tradicionais feiras de comércio de muares (Estrada de Ferro Sorocabana, s. d., p.28; Canabrava, 1951; Azevedo, 1950; Debes, 1968).

Luiz Matheus Maylasky, que havia chegado a Sorocaba em começos de 1886, desde logo passara a exercer grande influência na vida econômica da região. Dedicou-se ao cultivo do algodão, passando também a destacar-se nas atividades de beneficiamento, comércio e fabricação de tecidos, além de se tornar pioneiro na exportação da fibra para a Inglaterra. Além disso, procurou incrementar essa cultura agrícola entre todas as lavouras locais, incitando e orientando os soro-cabanos nesse sentido.

Assim, começou a tomar importância a necessidade da criação de uma via de escoamento das produções agrícolas da região sorocabana, que, além do algodão, também eram dedicadas à cultura do fumo e de alguns cereais (Dirigentes da Sorocabana..., 1983, p.2).

Observa-se que, ao contrário de outras ferrovias, a Sorocabana não teve no café a base para sua organização, embora, a partir de 1890, também passasse a ter nesse produto o elemento fundamental de sua receita operacional (Saes, 1981; Matos, 1974).

50 MARIA DE FÁTIMA SALUM MOREIRA

Quando, em 1876, a Sorocabana passou por uma grave crise, em conseqüência da própria crise do algodão, este já havia fornecido as bases financeiras para a construção da Estrada. A iniciativa de construção dessa Estrada, entretanto, não foi atribuída diretamente ao fator da produção agrícola algodoeira e, muito menos, ao esforço dos plantadores de café, que precisavam de um meio de transporte seguro, regular e rápido para o escoamento de suas safras crescentes. A fundação da Companhia Sorocabana de Estradas de Ferro vinculou-se em sua idealização à ligação da Fábrica de Ferro Imperial de Ipanema (Varnhagen) à cidade de Sorocaba e à capital da província (Estrada de Ferro Sorocabana, s. d., p.28).

Essa fábrica ferrífera, que se localizava a 20 quilômetros de Sorocaba, havia sido criada nos primeiros anos do século XIX, sob o clima de reforma econômica imposto pela transmigração da família imperial de Lisboa para o Rio de Janeiro e tivera o objetivo ambicioso de abastecer não somente o país, como também os mercados das nações amigas.

As atividades de fundição da mina de ferro de Ipanema tiveram uma vida cheia de altos e baixos, até que, em 1895, a fábrica encerrou de vez seu funcionamento. Por volta de 1870, havia ocorrido um novo processo de reativação dos trabalhos nessa mina, o que despertou em Maylasky a idéia de ligar tal instável parque siderúrgico até Sorocaba e São Paulo, os mais importantes núcleos urbanos do interior.

A construção da linha São Paulo-Sorocaba-Ipanema absorveu grande soma de capitais e mão-de-obra das atividades agrícolas, o que foi objeto de reparos na época, pelas dificuldades que acarretou à lavoura. Apesar de ter servido muito pouco à Fábrica de Ferro Imperial de Ipanema, a estrada logo foi absorvida pelos interesses da economia agropastoril.

Em 1892, operou-se a fusão da Companhia Ituana com a Companhia Sorocabana de Estradas de Ferro. Essas duas companhias ferroviárias encontravam-se às voltas com grandes dificuldades financeiras e disputavam o transporte da produção das melhores zonas, naquele momento, que eram São Manoel do Paraíso, Lençóis e Agudos. Lutando ambas pela sobrevivência e participando de uma concorrência desgastante, resolveram unir seus interesses, formando a "Companhia União Sorocabana-Ituana" (Saes, 1984, p.94).

A Companhia Ituana, que se estendia de Itu a Jundiaí, aproveitava o contato que esta cidade mantinha com São Paulo e Santos, por meio da companhia inglesa São Paulo Railway. Com a união das duas ferrovias, foi construída uma linha que ligou Itu a Mayrinky, criando-se assim uma importante fração regional do sistema ferroviário, pois a companhia passou a comportar duas vias de acesso a São Paulo e ao porto de Santos.

Nesse período, a Sorocabana já havia atingido a cidade de Botucatu, perfazendo suas linhas um total de 316 quilômetros em extensão. Com a fusão das duas vias férreas, a Companhia União Sorocabana-Ituana passou a explorar o tráfego nos seguintes trechos da Sorocabana, propriamente dita: São Paulo a Botucatu, Ramal de Boituva a Tatuí e Ramal de Cerquilho a Tietê.

Na seção férrea da Ituana, os trechos explorados eram: Jundiaí a Itaici, Itaici a Itu, Itaici a Charqueada, Chave a Porto João Alfredo, Porto Martins e São Manoel; e em sua seção fluvial: Porto João Alfredo a Porto Ribeiro e Porto Martins a Barra do Piracicaba. Assim, a companhia passou a comportar 598 quilômetros de linha férrea e 222 quilômetros de linha fluvial, num total de 820 quilômetros de extensão (*Revista das Estradas de Ferro do Brasil*, 1945, p.178-80).

No prolongamento de sua linha-tronco, Ourinhos foi atingida em 1908 e Salto Grande em 1909; as estações de Presidente Prudente e Presidente Epitácio foram abertas em 1920 e 1922. O Ramal de Itararé foi inaugurado em 1909 e o Ramal de Botucatu a Bauru em 1905. Foram também construídos os ramais de São Pedro, Porto Feliz, Borebi, Itatinga, Piraju, Santa Cruz do Rio Pardo e Itaici-Campinas.

Em 1924, foi incorporada à Sorocabana a linha da antiga Companhia Agrícola Funilense e, em dezembro de 1927, incorporou-se a linha Santos-Juquiá. Finalmente, entre 1927 a 1937, foi construída a linha Mayrinky-Santos (cf. Estrada de Ferro Sorocabana, s. d.; Pascoalick, 1941).

A Estrada de Ferro Sorocabana tornou-se uma estrada estratégica graças a sua privilegiada extensão e localização dentro do estado, que contou com vários entroncamentos que facilitaram o intercâmbio com a maioria das estradas de ferro: em Bauru, com a Noroeste do

52 MARIA DE FÁTIMA SALUM MOREIRA

Brasil, em Ourinhos, com a Rede de Viação Paraná-Santa Catarina e, por intermédio desta, com a Viação Férrea do Rio Grande do Sul; em Campinas, com a Companhia Paulista de Estradas de Ferro e com a Companhia Mogiana; em Agudos, com a Companhia Paulista de Estradas de Ferro; em São Paulo, com a Estrada de Ferro Central do Brasil e com a Estrada de Ferro Santos-Jundiaí; em Estuário, com a Companhia Doca de Santos, em Presidente Epitácio, com o Serviço de Navegação Bacia do Prata e Serviço de Navegação São Paulo-Paraná (*Ilustração Nossa Estrada*, 1963, p.47).

Em seu prolongamento para o oeste paulista, até 1920, a Sorocabana, muitas vezes, colocou-se à frente do café e da urbanização, e esse fator contribuiu para dificultar o seu desempenho e progresso econômico (Saes, 1984, p.53).

Revendo a história da companhia, percebe-se que, desde sua inauguração, os problemas financeiros já se fizeram presentes: "começaram por esta época (março de 1873) os grandes embaraços financeiros da Companhia, que perduraram pelo espaço de 30 anos e conduziram-na em 1902 à liquidação judicial" (Saes apud Silva, 1904, p.543).

Para liquidar a dívida inicial de 600.000$000 (seiscentos contos), em 1874, com o Deutsch Brasilianische Bank, a Sorocabana realizou seguidos empréstimos de bancos estrangeiros, atingindo a década de 1890 com a situação econômica bastante agravada, o que a levou a passar sucessivamente para as mãos do governo federal em 1902, para o governo estadual em 1905 e para o grupo estrangeiro Farquhart-Lègru em 1907.

No período de 1907 a 1919, a Sorocabana permaneceu sob a administração do grupo de banqueiros franco-norte-americanos, encabeçados por Percival Farquhart, de Nova York, e Hector Lègru, de Paris, tendo operado durante esse tempo com o nome de "Sorocabana Railway Company".

O arrendamento, que havia sido previsto para o prazo de sessenta anos, foi rompido em 1919, diante das denúncias e de várias campanhas realizadas no âmbito do Legislativo que apontavam as irregularidades administrativas e desrespeitos contratuais efetuados pela administração estrangeira.

Uma equipe, liderada pelo engenheiro José de Góes Artigas, forneceu subsídios para formular o processo que comprovou as irregularidades e abusos que ocorriam na ferrovia, permitindo a ruptura do contrato, que ocorreu de forma amigável. Em 26 de setembro de 1919, a Estrada passou a ser considerada repartição anexa à Secretaria de Agricultura, Comércio e Obras Públicas do governo do estado de São Paulo (Dirigentes da Sorocabana..., 1983, p.15). Portanto, dessa data em diante, a Empresa Ferroviária Sorocabana volta novamente a ser administrada pelo governo estadual. Em 10 de novembro de 1971, é integrada à Ferrovia Paulista S.A. (Fepasa) que reuniu e unificou, sob a administração do governo do estado de São Paulo, as estradas de ferro paulistas: Mogiana, Paulista, São Paulo-Minas, Araraquarense e Sorocabana.[1]

Ferrovia e ferroviários: conflitos e resistências

As formas mais definidas de organização científica do trabalho que a Empresa Ferroviária Sorocabana implementou nas décadas de 1930 e 1940 – reforma administrativa, qualificação profissional e tecnologia moderna – fazem parte de uma reorganização do processo de trabalho em bases científicas, que pode ser percebida, desde o período em que a Estrada passou novamente a ser administrada pelo governo do estado.

No final da década de 1910, sob a direção do grupo Farquhart-Lègru, cujos administradores acumularam seus cargos, durante o período de arrendamento, com os de direção da Light and Power, os ferroviários da Sorocabana estiveram sujeitos a um regime de intensa

---

1   Em meados de 1998, a Fepasa é entregue ao governo federal como pagamento de dívida do governo estadual paulista, passando a fazer parte, portanto, da Rede Ferroviária Federal. Em 1999, é adquirida por um grupo composto por várias empresas: Ferronorte, Vale do Rio Doce, Bradesco-Previ, Ferrovia Centro-Atlantic e Ferrovia Sul-Atlantic. Com a cisão do grupo, a maior parte do trecho que correspondia à antiga Sorocabana passa a ser operada pelo grupo América-Latina Logística (ALL).

utilização e exploração de sua força de trabalho, submetendo-se às arbitrariedades e ao despotismo da administração:

No outro tempo não havia lei. O senhor não podia reclamar nada no tempo dos "americano". Tinha só que trabalhá quantas horas fosse sem ganhá nada a mais. E se reclamasse os "americano" punha na rua. Tinha que cumpri as ordem deles. A lei era trabalhá e ficá quieto. Nós trabalhava 12, 15, 18 horas por dia. A prova é que naquele tempo quase não parava empregado na Sorocabana. Aquilo não era trabalho, era escravidão.[2]

Ao ser assumida pelo governo do estado, em 1919, a empresa encontrava-se em situação de extremo descuido e em péssimas condições para a realização dos transportes; "os arrendatários preocupavam-se unicamente em auferir lucros prontos, não se preocupando em tirar melhor proveito futuro"(Dirigentes da Sorocabana..., 1983, p.13).

Embora se registre que a ruptura do acordo tenha sido feita de forma amigável, a comissão instituída pelo governo para verificar as denúncias contra a administração estrangeira apurou vários abusos, estelionatos, descasos aos acordos e às leis do governo, desvios de vagões para serem utilizados em outra ferrovia arrendada pelo grupo etc.(ibidem, p.18).

Aliada a essa administração precária, ocorrera ainda um aumento de 200 quilômetros de trilhos, efetivado pela última diretoria estrangeira que, embora houvesse sido obrigada a ampliar seu quadro de pessoal, não o fez proporcionalmente ao aumento de seus serviços. Defendendo-se das acusações que lhe foram feitas quanto ao tratamento dispensado pela Sorocabana Railway Company a seu pessoal, seus dirigentes afimaram:

foi também acusada a Companhia de fazer trabalhar dia e noite os seus empregados, inclusive os menores, sem horário e sem remuneração extraordinária; mas, do que já fica exposto sobre o aumento considerável do pessoal da Estrada, facilmente se depreende o quão infundada é também esta alegação.

---

2   Em entrevista com Vitório Camparim, maquinista aposentado, admitido em 1917.

FERROVIÁRIOS, TRABALHO E PODER   55

Nas Estradas de Ferro, não é possível estabelecer-se um horário, como em qualquer escritório, pois o trabalho dos empregados tem naturalmente de subordinar-se ao horário dos trens e à necessidade de atender ao público nas horas estabelecidas pelos respectivos regulamentos. (Sorocabana Railway Company, 1918)

Diante das péssimas condições de realização do trabalho, que se avolumava dia a dia, e também da vigilância e do despotismo crescentes dos chefes de serviço, pode-se ponderar sobre a situação de extrema exploração, com a intensificação do processo de trabalho, a que os ferroviários se encontravam submetidos.

As reações e insubordinações dos trabalhadores, diante de suas condições de vida e de trabalho, foram manifestadas entre 1917 e 1919, quando eles se organizaram e lutaram contra as imposições da Empresa Ferroviária.[3] Após a greve de 1917, os ferroviários de São Paulo fundaram a União Geral dos Ferroviários (UGF), e a primeira seção a ser constituída foi a da São Paulo Railway Company, cujos empregados sindicalizados sofreram violenta repressão e perseguição dos patrões e da polícia, o que acarretou o desmantelamento do sindicato (cf. *A Plebe*, julho a setembro de 1917).

Entretanto, a agitação e revolta existentes no meio ferroviário de então fez ressurgir a mesma associação em 1919: "Está reconstituída a U.G.F., fundada em 1917 e que chegou a reunir alguns milhares de associados, tendo então cessado a sua atividade em conseqüência da perseguição feroz da polícia" (*A Plebe*, 5.7.1919, p.4).

Nesse ano, foram realizadas inúmeras greves de ferroviários, e os da Sorocabana destacaram-se por sua constante insubordinação às regras disciplinares e imposições de seus chefes de serviço, solidarizando-se com companheiros submetidos a perseguições injustas no

---

3   De Decca (1983) destaca que, de modo geral, nesse período são percebidas várias estratégias de controle e disciplinação sobre as condições de trabalho e de vida do operário urbano, que se insubordina por meio de uma série de manifestações e reivindicações, as quais podem ser entendidas como uma demonstração de que os trabalhadores estavam percebendo as mudanças no processo de trabalho, as quais os levavam a perder o controle sobre o processo e o mercado de trabalho.

trabalho e realizando sucessivas greves. Sobre esses fatos, atestam as várias notícias publicadas pelo jornal *A Plebe*, em que os ferroviários da Sorocabana se evidenciaram pelo número de greves e manifestações realizadas.

O conflito com a direção da Empresa, reivindicando a diminuição da jornada de trabalho, indica para a luta que se travava diante do uso intensivo da força de trabalho:

> Tornou-se geral a greve declarada há dias em uma parte da Sorocabana que agora está inteiramente paralisada. Os operários demonstraram uma firmeza admirável, mantendo-se solidários em toda a extensão da linha [...] Em muitos pontos a sabotagem tem sido aplicada em grande escala, arrancando-se trilhos e cortando os fios elétricos. A direção da Estrada que sujeita os trabalhadores a um regime de verdadeira escravidão tem procurado utilizar-se de alguns desgraçados *crumiros* [fura-greves] que são encontrados aqui e ali, mas a sua imprudência já deu em resultado um descarrilhamento do qual resultou a morte de dois soldados, ficando feridos mais quatro ou cinco míseros traidores. Os trabalhadores reclamam a jornada de 8 horas e um aumento de salários compatível com as suas necessidades. (*A Plebe*, 5.7.1919, p.4)

A discussão sobre a violência e as arbitrariedades dos chefes de serviço e a indignação dos ferroviários também emergiam no espaço público da luta. Os operários de Sorocaba escreveram ao jornal relatando o atrito ocorrido entre eles e o Sr. Artur Franco, chefe do tráfego da Sorocabana. Ao declarar-se a greve, esse chefe havia se deslocado de São Paulo para Sorocaba, dizendo-se desejoso de conferenciar com os grevistas e saber de suas reivindicações. Os ferroviários relataram que o Sr. Franco esbofeteou e mandou encarcerar um chefe de trem,

> moço humilde e de pouca idade, que respeitosamente dirigiu-se a ele para comunicar-lhe a decisão de seus companheiros em também aderirem à greve [...]
>
> Queremos, pois, para desafronta dos brios operários, que o tipo odioso que responde pelo nome Artur Franco seja exposto ao ódio dos operários e de toda gente honesta. (*A Plebe*, 26.7.1919, p.3)

FERROVIÁRIOS, TRABALHO E PODER 57

Liderando um novo movimento grevista, os operários das oficinas de Mayrinky apresentaram suas exigências de diminuição da jornada de trabalho e aumento de salários, enfrentando as ameaças de demissão feitas pela direção da Empresa. Para isso, reivindicavam solidariedade a todos os empregados da Sorocabana e aos colegas das demais estradas de ferro do estado. Nesse sentido, é interessante perceber que os operários das oficinas de Sorocaba e Mayrinky, ao saírem à frente das greves, acabavam exigindo uma posição não só dos ferroviários da própria Estrada, como também dos operários das oficinas das outras empresas férreas, que diante da situação colocada eram constantemente chamados para questionar e tomar uma posição em relação à luta e à solidariedade entre a categoria.

As notícias de greves em solidariedade aos companheiros ferroviários, principalmente aos sindicalizados, que eram perseguidos pelos chefes e pela direção da empresa, ocorriam nas várias empresas ferroviárias do estado. *A Plebe* (18.9.1919, p.3) noticia sobre a Sorocabana:

A organização dos ferroviários ultimamente iniciada com grande sucesso na cidade de Sorocaba, começa já a causar entulhos aos capitalistas canadenses que exploram esse ramo de transportes. Há dias, dois dos mais ativos propagandistas da classe incorreram, sem motivo plausível, nas iras dos diretores da Companhia e foram imediatamente despedidos das oficinas onde trabalhavam; o fato, mal se tornou conhecido dos companheiros, provocou uma declaração de greve, a qual veio a efetivar-se ontem, com a adesão e solidariedade de todos os trabalhadores.

O crescimento da capacidade organizatória e de luta e a resistência contumaz dos ferroviários tiveram como resposta um grande ataque aos militantes mais ativos da União Geral dos Ferroviários, e os trabalhadores foram submetidos a um sistema intensivo de espionagem e perseguição.

Desde o início de 1920, a Federação Operária de São Paulo fazia contínuos apelos aos ferroviários, chamando-os para retomarem sua atividade sindical e se reorganizarem. Esses constantes chamados atravessaram o ano de 1920 e parecem não ter encontrado respostas entre os ferroviários, que foram violentamente reprimidos em qualquer momento em que ousaram manifestar-se: "Greve dos ferroviários da Mogiana foi abafada pela tirania da polícia que assassinou, prendeu obreiros e pretendeu expulsar diversos [...]" (*A Plebe*, 17.4.1920, p.3).

Quando o governo do estado de São Paulo assumiu a direção da Sorocabana, em agosto de 1919, a nova administração se encontrava às voltas com um contingente de trabalhadores descontentes e insurretos, além de deparar com péssimas e irregulares condições de funcionamento da via férrea.

Segundo depoimento de um entrevistado, o ferroviário Vitório Camparim, quando o governo do estado de São Paulo encampou a Sorocabana fazia 29 dias que os ferroviários se encontravam em greve pela diminuição da jornada de trabalho. Lembra esse ferroviário que a administração do estado concordou em atender às reivindicações e todos voltaram a trabalhar.

A imprensa operária, entretanto, aponta para as dificuldades existentes nas relações entre os ferroviários e a nova direção:

> Reina grande desconfiança entre os ferroviários da Sorocabana diante do não cumprimento do acordo que há pouco foi estabelecido entre os ferroviários e a referida empresa. Segundo informações de diversos trabalhadores daquela Estrada, o aumento que lhes foi concedido por ocasião da última greve não está sendo pago. Pelo que se verificou agora nos últimos pagamentos o dito aumento não corresponde ao que foi estabelecido. E não é só isso, há algumas seções da Estrada que não receberam aumento algum.
>
> [...] Agora, com a posse da poderosa Empresa por parte do Governo do Estado de São Paulo esperam os ferroviários que os novos diretores fizessem cumprir o acordo, mas [...] como todos são exploradores, quer sejam brasileiros, quer sejam estrangeiros, nós os operários nada temos a esperar destes ou daqueles, o que urge fazer é organizarmo-nos em nossa associação de resistência e prepararmo-nos para nova luta, pois só assim é que faremos valer a nossa força e conquistaremos os nossos direitos.[4]

---

4   Como aponta notícia do jornal *A Plebe* (2.8.1920), sobre o não-cumprimento pela empresa de acordo firmado na greve de julho.

Além da animosidade que reinava entre os ferroviários, a nova administração enfrentou ainda as irregularidades e contravenções que eram praticadas no espaço do trabalho, como é o caso de um grande roubo de lenha, ocorrido no início da década de 1920. Segundo o ferroviário Vitório Camparim em entrevista:

> Estava havendo um grande desfalque de lenha. Então um maquinista... que foi chamado para participar do roubo foi para São Paulo e contou pro "home" [homem] que o consumo de lenha que tava tendo na Sorocabana era por causa do pessoal das máquinas.
>
> A Sorocabana botou investigador e verificou que o roubo já era de muito tempo.
>
> Foram presos 31 maquinistas em Sorocaba como cúmplices no consumo da lenha. Ficaram presos 90 dias e responderam processo: os que roubaram menos voltaram para trabalhar e os que roubaram mais foram para a rua.

Nesse período, também é notável o número de violações ocorridas em mercadorias transportadas pela ferrovia, conforme apontam as circulares da divisão de tráfego:

> Tendo sido verificado que no mês de fevereiro pp., o número de violações atinge a sessenta e quatro, superando pois os algarismos já comunicados em minha circular 311 j, de 4 do corrente, venho ainda mais uma vez chamar a atenção do pessoal do Tráfego para esse fator.
>
> A elevação do número de violações só pode concorrer para o descrédito da Estrada [...]. Assim, no próprio interesse dos empregados do Tráfego, torna-se mister que cada um redobre seus esforços no sentido de, coadjuvando com a Administração, procurar descobrir os autores de tais irregularidades, a fim de que sejam punidos. (Circular de 18 de março de 1925)

Divisão de trabalho, hierarquia e poder

Com esta investigação, pôde-se observar que a alta administração ferroviária era constituída basicamente por destacados nomes da

60 MARIA DE FÁTIMA SALUM MOREIRA

engenharia brasileira, e, na década de 1920, esses engenheiros já se encontravam organizados em vários grupos interessados em tratar das questões relativas aos temas da organização do trabalho e do aprimoramento técnico e científico das empresas ferroviárias.

Em 15 de janeiro de 1917, foi fundado, em São Paulo, o Instituto de Engenharia, que contou, entre seus primeiros presidentes, com conhecidos nomes ligados à administração ferroviária. Entre eles, temos: Francisco Paes Leme de Monlevade (1921-1922) e Gaspar Ricardo Júnior (1925-1926). No biênio 1933-1934, sob a presidência de Roberto Simonsen, ocupou o cargo de tesoureiro do instituto o engenheiro Antonio Prudente de Moraes, que assumiu a direção da Sorocabana em 1934 (*Boletim do Instituto de Engenharia*, outubro de 1934, p.225).

Os técnicos da administração ferroviária desenvolveram, ainda, intenso intercâmbio com os diversos setores interessados na introdução dos métodos racionais na atividade humana, mantendo um alto nível de divulgação de suas idéias por meio da publicação de revistas e periódicos. A *Revista das Estradas de Ferro*, iniciada em 30 de junho de 1925, revela em seu editorial as intenções de contribuir para o desenvolvimento do país por meio da racionalização:

> Fundada por um pugilo de sonhadores e patriotas ela vem desenvolvendo este programa (de trabalhadora pelo bem público) com constância e tenacidade, inteligência e idealismo, olhos fitos na grandeza do país. Vemos que essa grandeza deve ser criada pela boa exploração de suas riquezas naturais e *sustentada pela aplicação de novos, adequados e eficientes métodos de trabalho.*
>
> Aqui nesta casa, cuidamos menos do nosso desenvolvimento próprio do que do processo brasileiro, incentivado e coordenado pela racionalização dos nossos processos de produção e pela intensificação de nossas produções extrativas [...]. Só a estrada de ferro consegue o transporte barato dessa produção em grandes massas, geralmente feitas a grandes distâncias. (*Revista das Estradas de Ferro*, 30.7.1931 – grifos nossos)

Dessa forma, além de tratar da racionalização do processo de circulação dos meios de produção, também era incentivada e propagandeada a necessidade de racionalizar a produção de riquezas, isto é, das matérias-primas a serem exportadas.

A necessidade de desenvolvimento técnico das ferrovias recebeu, porém, visível destaque:

> A economia, a eficiência e o baixo custo dos transportes ferroviários reclamam, não só a boa organização das administrações ferroviárias, como também o melhoramento continuado e permanente de seus recursos técnicos e materiais [...] Não descuramos dos menores e mais recentes progressos da técnica ferroviária. Antigamente era difícil ao engenheiro ferroviário saber o que se passava entre nós a tal respeito. Hoje, não. Nas páginas da *Revista* publicamos tudo quanto nos mandam. Fazemos melhor ainda, vamos rebuscar nos relatórios e nas rodas profissionais as novidades para transmiti-las aos nossos leitores. (ibidem)

O avanço desse movimento racionalizador nas ferrovias, nesse período, pode ser entendido no contexto do reordenamento mais geral das estratégias de dominação burguesas, em que os conflitos sociais deveriam passar a ser resolvidos com base em novos critérios, considerados científicos e neutros.

Na Estrada de Ferro Sorocabana, juntamente com a modernização de seus serviços e com a formação de novos técnicos, vão ser definidos novos regulamentos e normas de serviço, visando ao controle sobre seu pessoal.

Foi traçado um plano de remodelação do material rodante e das instalações técnicas gerais da ferrovia, assim como foram estabelecidos novos regulamentos e normas sobre a admissão, promoção e demissão do pessoal.

As questões das faltas constantes e da disciplina também foram enfrentadas pela imposição de novos regulamentos em 1925, que visavam corrigir esses problemas, por meio da ameaça de perda de gratificações ou promoções e da exigência de que os inspetores de tráfego fizessem relatórios minuciosos sobre as questões de assiduidade, merecimento e conduta (Circular n° 185, de 1° de setembro de 1925).

A empresa também passou a investir nas questões de habitação, alimentação e saúde de seus funcionários. Em 1925, iniciou-se o investimento na construção de sedes de residências, casas de turmas e de mestres de linha, casas para o pessoal das estações etc., que se prolongou até 1930 e foi retomada na gestão de Gaspar Ricardo Júnior, em 1933.

Essa construção de moradia atendia aos objetivos de fixar a mão-de-obra próxima a seu local de trabalho, de forma que os trabalhos de linha e de circulação de trens pudessem ser atendidos a qualquer hora. Além disso, buscou-se, por meio da construção de casas limpas e higienizadas, moralizar e higienizar as condições de vida dos ferroviários. Esse empreendimento possibilitaria um controle de vigilância maior sobre os atos dos ferroviários quando estivessem fora do trabalho.

Em 1929, foram criados os armazéns de abastecimento diretamente administrados pela Estrada, com a finalidade de suprir os ferroviários de gêneros alimentícios e objetos de uso com preços mais acessíveis aos seus salários, sem ter de precisar aumentá-los e diminuir os lucros da empresa.

Quanto às modificações no interior do processo de trabalho, estas atingiram prioritariamente as oficinas, o que é perfeitamente compreensível, diante da luta e resistência que seus trabalhadores impingiram à empresa, no final da década anterior. Além disso, o trabalho nas oficinas constituía-se em núcleo fundamental para a viabilização do transporte ferroviário, haja vista que eram imprescindíveis para que se viabilizasse o funcionamento de todo o transporte ferroviário. Ali se fabricava, conservava e se fazia a manutenção e o reparo de locomotiva, vagões e todo material rodante (Caetano, 1986).

Em um dado momento, todos os trabalhos mecânicos da ferrovia foram subordinados à direção das oficinas de Sorocaba, além de terem sido vinculados às divisões de tração e de locomoção, anteriormente funcionando sob chefias distintas, objetivando obter um controle maior sobre a realização do trabalho e a disciplina dos trabalhadores (Estrada de Ferro Sorocabana, 1925, p.33).

Também foi realizada uma reorganização burocrática dos serviços e instituída uma severa regulamentação e distribuição rigorosa dos encargos (Estrada de Ferro Sorocabana, 1920). A direção e a administração da divisão de locomoção couberam ao chefe da locomoção, de quem seus auxiliares imediatos – chefe de tração e chefes das oficinas – recebiam as ordens e instruções, fazendo-as ser executadas por seus subordinados. A esses chefes cabia também a função de distribuir, administrar e fiscalizar, de modo geral, os serviços sob sua responsabilidade, além de indicar punições como multas, suspensões e/ou demissões de trabalhadores considerados insubordinados (ibidem, p.8-9).

O exercício dessa fiscalização sobre os serviços e a disciplina do pessoal, pelos chefes das oficinas, contava com o auxílio de uma cadeira de auxiliares, distribuídos hierarquicamente. Subordinados aos chefes das oficinas, encontravam-se os mestres, contramestres, encarregados de turma e encarregados de serviços.

Por sua vez, os trabalhos das oficinas de Mayrinky e Sorocaba foram divididos em especialidades. A reparação do material rodante ficou a cargo das oficinas de Mayrinky, e a reparação das locomotivas, restrita às oficinas de Sorocaba, nas quais foi incorporado o pessoal das oficinas de reparação da Barra Funda, sendo o chefe de cada uma dessas oficinas diretamente subordinado ao chefe da locomoção.

À chefia de tração cabia a distribuição do trabalho e a fiscalização dos serviços do pessoal de condução de trens (maquinistas, foguistas etc.), assim como dos serviços nos depósitos, destinados à conservação e a pequenas reparações das locomotivas. Para a organização desses serviços de tração, foram criadas cinco inspetorias, dirigidas por um engenheiro, responsável pelos trabalhos em um determinado trecho da linha: "dispondo cada uma de um depósito de primeira classe, bem dotado de oficinas para pequenas reparações e de depósitos de segunda classe, menores e dotados de instalações mais modestas" (Estrada de Ferro Sorocabana, 1925).

Os inspetores de tração, o mestre maquinista (que orienta os maquinistas, foguistas etc.) e os chefes dos depósitos ficavam sob as ordens imediatas do chefe de tração e de seu ajudante.

É interessante observar que os chefes das oficinas e da tração não dispunham de nenhuma autonomia administrativa, recebendo ordens e instruções do chefe da locomoção, bem como levando para sua apreciação todos os casos relativos ao quadro de pessoal e ao uso, à requisição e distribuição de materiais e instrumentos de trabalho.

64   MARIA DE FÁTIMA SALUM MOREIRA

Coroando esse processo de especialização e divisão hierárquica dos trabalhadores, foi criada uma seção técnica no escritório central, de forma a orientar e homogeneizar os novos padrões e as técnicas de trabalho mecânico para as oficinas, de um modo geral: as oficinas centrais de construção e reparação (Sorocaba e Mayrinky) e as oficinas menores de pequenos consertos e conservação (depósitos de locomotivas situados ao longo das linhas) (ibidem, p.10).

A nova organização e regulamentação do trabalho das oficinas, implementadas desde o início da década de 1920, tiveram seus planos desenvolvidos e ampliados com a construção de novas oficinas em Sorocaba, que, sendo consideradas como "as maiores oficinas ferroviárias da América do Sul", foram aparelhadas com instalações materiais e técnicas altamente sofisticadas (ibidem). Dessa forma, passaram a possibilitar e a requerer a existência de trabalhadores com novas qualificações, adaptadas às novas condições técnicas e de divisão e especialização no trabalho.

Tais inovações tecnológicas introduzidas reduziam, por um lado, a necessidade de utilizar uma grande quantidade de empregados para realizar trabalhos que exigiam grande esforço físico e, por outro, diminuíam a dependência da empresa em utilizar o trabalho de um número grande de mestres e contramestres, capazes de entender, organizar e controlar o processo de trabalho.

Além disso, passou-se a requerer técnicos com uma especialização restrita e trabalhadores com funções específicas, na execução das tarefas. Processo semelhante ocorreu com a eletrificação das estradas e a utilização de novas locomotivas elétricas, a partir da década de 1940, que exigiram novos especialistas e novos modelos de execução das tarefas, conforme relato de Ênio Marchezine, ferroviário encarregado de implementar as novas oficinas para locomotivas elétricas em Assis.[5]

---

5   Ênio Marchezine ingressou na Sorocabana em 1927, nas oficinas de Sorocaba. Em 1951, foi para Assis, assumindo a chefia geral das oficinas, com a finalidade de implementar os serviços mecânicos para a instalação das locomotivas a diesel elétricas.

FERROVIÁRIOS, TRABALHO E PODER 65

Finalmente, nessa nova oficina, moderna e higiênica, os trabalhos passaram a ser executados obedecendo apenas às normas e aos planos de trabalho estabelecidos pelos órgãos de planejamento técnico da ferrovia, isto é, por meio de um "controle técnico baseado na previsão, programação, estudo dos tempos e comando eficiente" (Reunião Extraordinária dos Diretores..., 1948a, v.2, p.148).

A introdução conjunta dessas inovações tecnológicas e de racionalização do processo de trabalho, baseada na administração racional dos serviços e na formação de trabalhadores especializados no curso de ferroviários, foi um momento fundamental do processo científico de expropriação do saber-fazer e da determinação e autonomia dos operários das oficinas no ato produtivo.

Quanto aos novos regulamentos introduzidos nesse período, visando o exercício de maiores práticas de controle e disciplinamento sobre o pessoal, foi observado o estabelecimento de normas para as promoções, admissões e demissões, juntamente com a implementação de um novo quadro de classificação do pessoal da Sorocabana (Estrada de Ferro Sorocabana, 1925, p.37).

Essa medida também visava à conformação com a nova lei de aposentadoria e pensões, instituída pelo governo estadual, a qual previa o cumprimento de tais regras. Não se descuidou, porém, de adaptá-la às conveniências da empresa, de modo que, conforme declaram seus relatórios, "se permitisse a continuidade e a disciplina de seus funcionários" (Estrada de Ferro Sorocabana, 1922, p.18).

A proposta dessa nova regulamentação, feita pela ferrovia ao governo do estado, requeria um aumento de 10% nos vencimentos dos trabalhadores com vinte anos de serviço e mais 5% a cada cinco anos que excedessem esse tempo. A justificativa apresentada era a de que a aposentadoria baseada no tempo de trabalho prestado afastaria das estradas de ferro aqueles que melhor serviço poderiam prestar, em razão de sua maturidade e da prática adquirida no trabalho. Na realidade, esse fato era resultante, principalmente, da pouca idade com que esses empregados haviam sido admitidos na empresa, levando-os a se aposentarem quando ainda contavam com mais ou menos 40 anos de idade, isto é, quando ainda apresentavam grande capacidade e energia para a execução dos serviços.

Esse regulamento, porém, previa a possibilidade de disciplinar o pessoal por meio da exoneração daqueles que não se submetessem às regras disciplinares, argumentando-se que "não prejudica as empresas com o afastamento dos funcionários mais aptos, pela aposentadoria, e não relaxa a disciplina do pessoal pela dificuldade em exonerar os relapsos" (ibidem).

Para isso, embora devessem ser deferidas pelos inspetores gerais, as promoções e as demissões poderiam continuar sendo propostas pelos chefes de serviços. No caso das promoções, além de atenderem aos critérios de antiguidade e habilitação, somente seriam oferecidas se o trabalhador atendesse a uma variada gama de requisitos e exigências (ibidem, p.17).

Dessa forma, por esse regulamento foram estabelecidos os "direitos" dos funcionários, isto é, o "direito" de continuar trabalhando além do tempo permitido pela lei de aposentadoria, no caso de estarem prestando um trabalho eficiente na ferrovia. No entanto, estabelecia o "direito" à empresa de demiti-los, a qualquer época, "a bem do serviço da estrada". Além disso, esses "direitos" permitiam recompensar aqueles que mais se esforçassem, uma vez que "a segurança em manter o seu cargo e a compensação aos esforços empregados afastarão os funcionários de outras preocupações e dest'arte melhor empregarão as suas atividades no exercício de suas funções" (ibidem, p.18).

Conforme foi enfatizado, juntamente com a ação controladora e disciplinadora sobre os trabalhadores, no interior e fora do processo de trabalho, a Empresa Ferroviária Sorocabana promoveu a expansão e a capacidade de transporte em suas estradas.

Do plano de remodelação, traçado em 1923, constam as seguintes obras e serviços:

• aumento da capacidade de tráfego, especialmente entre São Paulo e Sorocaba;

• aquisição de locomotivas, carros e vagões;

• construção de novas oficinas para a reparação do material móvel e de depósitos para locomotivas;

• construção de estação para passageiros em São Paulo;

• construção de grandes armazéns na Barra Funda;

- construção de armazém de baldeação com a São Paulo Railway;
- aumento de capacidade das linhas telegráficas;
- construção de novos postos telegráficos e ampliação dos pátios e desvios existentes;
- ampliação dos serviços de abastecimento d'água;
- substituição de trilhos;
- empedramento das linhas;
- obras diversas;
- estudo da linha para Santos (Estrada de Ferro Sorocabana, 1924, p.33).

Com exceção do projeto de construção da linha para Santos, todos os outros foram viabilizados até 1930, possibilitando o aumento da capacidade de tráfego e a dinamização da produção, principalmente com a duplicação da linha entre São Paulo e Sorocaba, com o grande número de vagões e locomotivas adquiridos e com a construção de novas oficinas em Sorocaba.

A proposta de reaparelhamento tecnológico da Sorocabana passava por uma nova regulamentação do trabalho não apenas para os trabalhadores das oficinas, como também para aqueles da via permanente e das estações, a quem estavam destinadas novas funções e especializações diante da proposta de eletrificação das estradas (Estrada de Ferro Sorocabana, 1925, p.19).

Apesar do empenho da direção da empresa em realizar a eletrificação nesse período, será apenas no final da década de 1930 que o governo estadual autorizará sua execução, que terá seus primeiros quilômetros de linha inaugurados em 1944 (Estrada de Ferro Sorocabana, 1960).

A linha Mayrinky-Santos também teve seus trabalhos iniciados somente em 1927, devendo-se sua construção ao empenho do engenheiro Gaspar Ricardo Júnior, que esteve na direção dessa Estrada entre 1927 e 1934.

Gaspar Ricardo Júnior substituiu Arlindo Luz, que havia sido diretor no período de 1924 a 1927. Este fora responsável pelo lançamento das bases para a recuperação total da Estrada, investindo na modernização de seus serviços e na formação de técnicos que pudes-

68 MARIA DE FÁTIMA SALUM MOREIRA

sem atender às novas formas de execução do trabalho (Dirigentes da Sorocabana..., 1983, p.20).

Coube, entretanto, a Gaspar Ricardo Júnior dar seqüência aos planos de remodelação e tomar novas iniciativas que permitissem a viabilização do projeto de organização científica do trabalho e a racionalização integral da produção. Nesse sentido, sua realização mais importante foi a criação do Serviço de Ensino e Seleção Profissional, em 1930, tendo sido notável sua preocupação com os problemas inerentes ao fator humano. Nessa perspectiva,

> Criou um serviço interno de abastecimento para os funcionários, realizou um programa de construção de casas operárias, incentivou o esporte e a cultura e autorizou a concessão de férias antes mesmo que houvesse qualquer legislação a respeito. (Dirigentes da Sorocabana..., 1983, p.23)

Gaspar Ricardo iniciou sua carreira na Sorocabana como fiscal do governo do estado junto ao grupo de capitalistas estrangeiros que a arrendavam, tendo feito parte da equipe que reuniu e forneceu subsídios para formular o processo que levou o governo de São Paulo a rescindir esse contrato de arrendamento.

Com a volta do controle brasileiro à Sorocabana, esse engenheiro passou para os quadros da ferrovia e ocupou sucessivamente seus cargos mais expressivos, como os de chefe de linha, do tráfego, da locomoção, da 4ª divisão, até o ano de 1927, quando foi designado para assumir a direção da empresa (ibidem, p.23).

O projeto de racionalização da produção e de formação e seleção profissional, segundo os princípios da organização científica do trabalho, colocado em prática por Gaspar Ricardo, na Sorocabana, está intrinsecamente ligado aos planos de trabalho propagandeados pelo Idort, a partir de 1931.

Esse diretor da Sorocabana foi um dos fundadores do Instituto de Organização Racional do Trabalho, e sua figura destacava-se, desde a década anterior, entre aqueles que se encontravam empenhados na difusão dos princípios da organização científica do trabalho entre os industriais e na formação do trabalhador útil, obediente e produtivo.

Em suas declarações, eram claramente observadas as idéias de que "a produção será tanto maior quanto mais adestrados, inteligentes, robustos e disciplinados forem os operários e administradores empregados na produção" (Ricardo Júnior, 1922, p.487-9). Devem-se acrescentar a isso suas afirmações de que os recursos da ciência eram indispensáveis, pois

> Os recursos inesgotáveis de mecânica, as leis da fisiologia e mesmo os sutis conhecimentos da psicologia, entram, em grande parte, nessa contribuição e desde logo se vê a magnitude do problema e a grande soma de saber que se requer aos administradores capazes de introduzir nos estabelecimentos industriais os métodos modernos da organização científica. (Ricardo Júnior, 1921, p.12-6)

Tratando das formas de apreender as qualidades necessárias do trabalhador para uma produção mais eficiente, Gaspar Ricardo ressalta a importância de o trabalho ser realizado no menor tempo possível, com a superação rápida e eficiente das dificuldades, proporcionando um valor-resultado maior do que o custo de produção. Entretanto, aponta para a dificuldade em *medir* o rendimento dos trabalhadores no processo de trabalho, isto é, *medir* o esforço despendido por cada um, já que "esse esforço não é exclusivamente mecânico, ele resulta sempre de uma elaboração intelectual mais ou menos fácil e espontânea do operário que exerce a sua sagacidade, atenção etc., na execução do serviço" (Gaspar Júnior, 1922, p.488).

Esse dirigente propõe, então, que seja feita uma análise das qualidades físicas e psíquicas dos trabalhadores e dos meios capazes de melhorar essas qualidades.

As qualidades físicas – resistência ao trabalho pesado, meticulosidade, habilidade etc. – devem ser melhoradas com medidas de caráter interno, isto é,

> aquelas de que se dispõe dentro da oficina ou da fábrica propriamente dita ou dos canteiros onde executam os trabalhos [...] as condições de ventilação suficiente [...] de iluminação [...] a boa disposição dos bancos e seus encostos, a altura das mesas [...] o regime de horas de trabalho

[...] não é conveniente exceder esses períodos além de 10 a 12 horas de trabalho.(ibidem)

As medidas de caráter externo referem-se às condições de habitação, alimentação, vestuário etc.

Quanto aos meios psíquicos que atuam sobre as condições físicas dos trabalhadores, Gaspar Ricardo os agrupa em duas classes: meios intelectuais e morais.

Os meios intelectuais, tais como a fácil compreensão, capacidade de iniciativa e atenção ao trabalho, devem ser melhorados pela instrução elementar e técnica, colocada ao alcance do operário por meio de escolas noturnas ou diurnas, quando se tratar de aprendizes. Entretanto, prossegue esse engenheiro, nada contribui mais para o desenvolvimento intelectual dos trabalhadores do que "uma organização racional do trabalho baseado nos moldes do seu organizador, o genial Frederick W. Taylor" (ibidem).

Além de sugerir que as qualidades morais de honestidade e lealdade devem ser asseguradas pela escolha de bons contramestres e feitores vigilantes diante dos pequenos roubos cometidos por grande número de operários, essas instruções observam o seguinte:

> As qualidades morais são constituídas pelos bons costumes dos operários, para sobriedade em todos os seus atos, principalmente no uso de bebidas alcoólicas, vício infelizmente vulgar entre os operários, vício que os inutiliza completamente.
>
> Os meios já citados, a criação de corporações musicais, salas de leitura etc., para operários, constituem excelentes recursos que proporcionam ao proletariado útil ocupação nas horas de lazer, afastando-os das tavernas. (ibidem)

Pode-se, portanto, verificar que, como diretor da ferrovia, Gaspar Ricardo se responsabilizou pelo processo de criação e implementação de novas medidas – além de dinamizar aquelas já existentes –, com vistas a controlar e disciplinarizar a força de trabalho dentro e fora do espaço de produção.

3
PROCESSO DE RACIONALIZAÇÃO: CONTROLE E RESISTÊNCIA

O regulamento sugere uma imagem reflexa do trabalhador e sua turbulência, ao mesmo tempo em que revela sua dupla finalidade: econômica decerto, mas também profundamente política – disciplinar o corpo do operário, seus gestos e comportamento.

(Perrot, 1988)

Formação e seleção dos ferroviários: saberes e práticas de controle

As medidas de caráter interno, a que se referia Gaspar Ricardo Júnior – reorganização do processo de trabalho e estabelecimento de uma nova divisão e especialização dos trabalhadores, para o cumprimento das tarefas –, foram asseguradas com a seleção, formação e aperfeiçoamento dos ferroviários em um novo tipo de escola profissionalizante. Nessa escola, além de serem utilizados os métodos científicos da divisão e organização do trabalho, também se buscou adestrar os trabalhadores com os princípios moralizantes da ordem e da responsabilidade.[1]

---

1   "À formação do caráter dos aprendizes, dedicou-se o máximo cuidado, tendo-se em mira formar homens conscientes de seus deveres e de suas responsabilidades profissionais, assunto de suma importância nas empresas de viação" (Estrada de Ferro Sorocabana, 1937).

Caetano (1986) indica que, no início do século XX, o ensino ferroviário incidia sobre o trabalhador mecânico, força escassa no mercado de trabalho, e visava à formação que permitisse o domínio do ofício por inteiro. A partir de 1923, porém, ocorreu uma redefinição dessas escolas e, pela "Escola Profissional de Mecânica", anexa ao "Liceu de Artes e Ofícios", foram estudados e aplicados novos métodos de trabalho e de ensino fundamentados na organização científica do trabalho. Nesse seu estudo pioneiro sobre o assunto, Caetano explica que a Escola Profissional de Mecânica caracterizou-se pelos moldes experimentais de um novo padrão de ensino científico, e as empresas ferroviárias participaram ativamente dessa experiência, por meio da formação de mestres e contramestres.[2] Realmente, conforme foi levantado nesta pesquisa, as transformações na organização do processo de trabalho nas oficinas da Sorocabana são simultâneas a essa nova proposta de estudos em moldes científicos, implementadas pela Escola Profissional de Mecânica.

É significativo o fato de que foi justamente a Empresa Ferroviária Sorocabana que avançou, pioneiramente, para uma prática educacional sistematizada e diferenciada do modelo experimental da Escola Profissional de Mecânica, por meio da criação do Serviço de Ensino e Seleção Profissional (Sesp), em 1930. Sua fundação foi resultado da união e da iniciativa de duas personalidades intimamente ligadas ao Idort e, portanto, empenhadas na ação de produzir, aplicar e difundir um conhecimento científico na administração das empresas e na gestão da força de trabalho.

Foram Gaspar Ricardo Júnior e Roberto Mange os responsáveis pela fundação do Sesp na Sorocabana, em 1930. Ambos, além de também terem sido fundadores do Idort, no ano seguinte, ocuparam as seguintes posições em seus quadros: o primeiro atuou na equipe da Divisão de Organização Administrativa (1ª Divisão) e o segundo foi diretor da Divisão de Organização Técnica do Trabalho (2ª Divisão),

---

2   Embora tenha sido "revisitada" grande parte da documentação utilizada por Caetano, as conclusões apontadas nesta pesquisa e que se relacionam a este tema são coerentes com os resultados do estudo pioneiro dessa autora.

desde sua fundação. Antonacci (1985) explica que as novas formas organizacionais da divisão produziram necessidades de requalificação do trabalhador, pela redefinição do uso do tempo e da forma de produção, via simplificação, padronização e automação dos gestos. Nesse sentido, indica Antonacci (1985, p.112):

[...] evidenciam-se as articulações da 1ª Divisão do IDORT, sendo possível acompanhar as interconexões entre concepção e execução. Através da 2ª Divisão, de organização Técnica do Trabalho, o IDORT cuidou das questões relativas à Orientação, Seleção e Educação Profissionais e Tecnopsicologia do Trabalho, Higiene do Trabalho. Assim, suas atenções para com o "fator humano", subdividiram-se em assuntos referentes à psicotécnica (adaptação do homem à máquina) e à tecnopsicologia (adaptação da máquina e do ambiente fabril ao Homem.

Em 1929, Roberto Mange havia partido para a Europa, tendo a oportunidade de estudar na Alemanha a formação de mão-de-obra em estradas de ferro daquele país. Nessa viagem, foi recolhida uma farta documentação nos laboratórios de psicotécnica daquelas ferrovias.

Em sua volta para o Brasil, procurou apoio nas empresas ferroviárias para ter a oportunidade de colocar em execução as experiências de ensino que colhera em suas viagens. Buscou articular-se com a Companhia Paulista de Estradas de Ferro e com a Central do Brasil, não conseguindo, entretanto, concretizar seus planos.

Foi na Empresa Ferroviária Sorocabana que Roberto Mange encontrou o apoio e a disposição de colocar em prática esse empreendimento. Já em 1927, Gaspar Ricardo havia estabelecido um plano, juntamente com Mange, para a fundação, na Sorocabana, de uma Escola para Aprendizes e um Curso de Aperfeiçoamento para Ferroviários, nos moldes que haviam sido traçados pela Escola Profissional de Mecânica, mas que não foi aprovado pelo governo estadual. Esse fato denota que, mesmo antes de 1930, certos setores da sociedade já realizavam tentativas para buscar a participação do estado no processo de racionalização do trabalho.

Ao assumir a direção da Sorocabana, em 1927, Gaspar Ricardo introduziu o lema "Pela Sorocabana melhor e maior", com o propósito de promover a oferta da melhor qualidade possível de seus serviços, com mínimo custo para realizá-los. No relatório de 1933, esse diretor constata a realização de seus objetivos:

> Cumpre assimilar que a boa qualidade do serviço prestado não foi sacrificada pelo seu baixo custo, que foi para a tonelada quilômetro de peso útil transportado a $100,1, o mínimo conseguido nestes últimos nove anos, conforme demonstrou o quadro anterior.(Estrada de Ferro Sorocabana, 1933, p.XXXIV)

Essa prática administrativa é a mesma traçada mais minuciosamente por Roberto Mange, para atender à "necessidade de manutenção da indústria", no período subseqüente à guerra.

> Para compensar o desfalque do tempo de trabalho e as suas conseqüências econômicas, é *necessário procurar os meios por um trabalho acurado, perfeito e rápido, em que todo o movimento inútil seja eliminado, produzir mais e melhor num lapso de tempo mais curto.* Isto nos conduz ao estudo fisiológico do trabalho, nos leva a considerar a organização profissional do ponto de vista das aptidões físicas, psicofisiológicas e profissionais, com o intuito de poder proporcionar a todo candidato às profissões mecânicas, o lugar mais adequado às suas capacidades, satisfazendo assim o dizer proverbial "The rigth man in the right place". Esse desideratum, consegui-lo-emos, no caso especial das profissões mecânicas, pela organização racional das escolas. (Amaral apud Antonacci, 1985, p.34 – grifos nossos)

A primeira experiência sistemática para formar esse trabalhador, em moldes científicos, tornando-o capaz de realizar "um trabalho rápido, perfeito e acurado", em que "todo movimento inútil será eliminado", de forma que ele possa produzir "mais e melhor", com o "mais baixo custo" possível, foi realizada no Curso de Ferroviários vinculado ao Serviço de Ensino e Seleção Profissional da Sorocabana, que era o órgão responsável pela direção e pelo controle da formação dos ferroviários.

O esforço dos técnicos e administradores burgueses em formar um trabalhador que produzisse em maior quantidade, com maior zelo e perfeição, utilizando o mínimo de tempo possível, tinha como contraponto a existência do trabalhador que produzia pouco, com desinteresse, e "esticando" o máximo possível o tempo para terminar uma tarefa. Percebe-se que, assim como a ação burguesa se reveste de um caráter político diante de seus objetivos de controle e dominação, o mesmo ocorre com a ação dos trabalhadores, que, ao se recusarem a cumprir as determinações dos patrões na execução do trabalho, demonstraram seu poder de controlar ainda esse processo e de resistir a esse controle, bem como seu reconhecimento de que não valia a pena submeter-se a um trabalho forçado e cujos objetivos lhes eram estranhos.

O esforço empreendido por Gaspar Ricardo e Roberto Mange, na criação do Serviço de Ensino e Seleção Profissional que visava aplicar, experimentar e difundir o método de organização científica do trabalho para as demais empresas e instituições da sociedade brasileira, foi um dos instrumentos mais eficazes utilizados para a formação de um trabalhador dócil, produtivo e adaptado aos interesses do capital.

Com o ensino com base em séries metódicas, buscou-se adestrar o trabalhador para o exercício de uma só função, retirando dele o domínio do ofício por inteiro e impondo-lhe a necessidade de agir com responsabilidade, ordem, atenção e disciplina na realização de seu trabalho (Caetano, 1986, p.56).

Essa intenção é apontada por Ítalo Bologna (1980, p.333), ao referir-se ao pensamento de Roberto Mange sobre as séries metódicas:

> Às séries metódicas, hoje tão difundidas, emprestava ele o justo conceito, isto é, muito mais do que um meio de aquisição de técnicas de trabalho, as considerava excelente instrumento disciplinarizador e formador do caráter dos jovens aprendizes.

A seqüência metódica de aprendizagem aplicada pelo Sesp permitia que as dificuldades fossem apreendidas pelos alunos em passos sucessivos e que contassem com uma avaliação e acompanhamento objetivos e eficazes, em cada passo das operações. Isso fazia que a aprendizagem fosse avaliada a partir da precisão, perfeição, acabamento e compreensão na elaboração concreta de uma peça de prova pelo aluno (Cfesp, 1936).

Segundo Caetano (s. d.), a aplicação do método racional do Curso de Ferroviários, além de ter possibilitado uma formação especializada em que o trabalhador dominasse somente uma parcela do ofício, pelo fornecimento apenas dos conhecimentos úteis e práticos ao exercício de uma só função, objetivou sua disciplinação com o propósito de desenvolver o espírito e o caráter, pelos métodos racionais concisos e exatos do trabalho e também pela perseverança em sua execução.

O Sesp, que funcionou de 1931 a 1934, preocupou-se prioritariamente com a formação da força de trabalho das oficinas mecânicas, tanto para os ingressantes na ferrovia – Curso de Ferroviários – como para os antigos que já trabalhavam nas oficinas – Curso de Aperfeiçoamento para Aprendizes. A qualificação dos trabalhadores mecânicos tendeu para a especialização e para a execução de funções restritas, por meio da redução do conteúdo de seus cursos para questões preponderantemente técnicas. Tal fato pôde ser observado especialmente pela análise das transformações que foram ocorrendo no conteúdo dos cursos, reduzidos cada vez mais a questões essencialmente técnicas, além de passarem a ser oferecidos cursos de especialização para um número maior de especialistas das oficinas. Apesar de a preocupação do Sesp ter se dirigido prioritariamente para os trabalhadores mecânicos, chegaram a ser projetados cursos de aperfeiçoamento para o pessoal da carreira de tração e do tráfego, o que demonstra o cuidado da empresa com a desqualificação dos técnicos em geral da ferrovia, o que só chegou a ser feito pelo Centro Ferroviário de Ensino e Seleção Profissional (Cfesp) (Caetano, 1986).

Outra forma de a Estrada de Ferro Sorocabana livrar-se de seus antigos trabalhadores qualificados, que detinham um controle maior sobre o processo de trabalho, foi com a implementação das novas oficinas mecânicas e dos Cursos de Ferroviários em Sorocaba e não em Mayrinky, onde se encontravam instaladas suas maiores oficinas, até então. Dessa maneira, seria possível desvencilhar-se dos antigos trabalhadores mecânicos dessa cidade, onde se encontravam pessoas que lideravam, protestavam e faziam greves (ibidem, p.49).

Em 1934, criou-se o Centro Ferroviário de Ensino e Seleção Profissional (Cfesp) que estendia para as demais estradas de ferro de São Paulo as propostas de formação da mão-de-obra ferroviária, implementadas e experimentadas pelo Serviço de Ensino e Seleção Profissional. O Cfesp foi resultado de projeto elaborado e encaminhado por Roberto Mange ao governo do estado e que deveria contar com a colaboração da iniciativa privada e do Poder Público.

O Cfesp passou a dirigir e orientar, o mesmo papel que cabia ao Sesp, os cursos de formação de novos ferroviários mecânicos. Preocupou-se também em aperfeiçoar, especializar e adestrar os executores de trabalhos técnicos, de um modo geral, o que ocorria concomitantemente com o aperfeiçoamento da técnica em toda a ferrovia. Todos os seus executores, desde os operários e técnicos até os engenheiros, que detinham um saber mais abrangente e um controle maior sobre o processo de trabalho, foram requalificados para o exercício das funções mais restritas.

Afora os cursos de aperfeiçoamento para o pessoal das oficinas, foram criados cursos de aperfeiçoamento destinados ao pessoal ferroviário dos diferentes ramos da ferrovia: linha, tráfego, escritório etc. Criaram-se, também, cursos superiores para o aperfeiçoamento de engenheiros, que eram capazes de controlar o trabalho em todos os seus ângulos e que passaram a especializar-se no exercício da chefia em uma área específica: na locomoção, no tráfego ou nas construções.

Além de o processo de desqualificação do saber dos técnicos ter se estendido pelo Cfesp, esse centro implementou novas técnicas, de modo a fazê-los perder o saber-fazer e o controle sobre o processo de trabalho. Foi alterada a forma de recrutamento de instrutores, que eram responsáveis pela parte das aulas técnicas. Em vez da seleção de instrutores que eram antigos na ferrovia e, por sua experiência, dominavam as múltiplas operações constitutivas do ofício, passou-se a recrutar outros instrutores que receberiam e aplicariam as aulas elaboradas e padronizadas pelo Cfesp.

Dessa forma, foi alterada também a função dos mestres e instrutores das oficinas que, igualmente, passaram a transmitir e orientar as operações nos serviços, segundo os modelos elaborados totalmente pelo Cfesp. O instrutor passou, então, a ocupar-se mais amplamente da vigilância e do controle dos trabalhadores, na execução do trabalho.

78   MARIA DE FÁTIMA SALUM MOREIRA

Criaram-se a inspetoria médica e a inspetoria de ensino, que deveriam servir de apoio para um controle mais eficaz dos cursos ferroviários pelo Cfesp.

Além da formação do ferroviário para o exercício disciplinado de uma função restrita, o Cfesp atuou em um segundo ângulo para melhor viabilizar seus objetivos: a seleção profissional para a admissão e para o acesso de quadros novos.

Visando inicialmente à seleção para setores que requeriam maior responsabilidade no tráfego e que apresentavam maior risco de acidentes, os processos e as técnicas de seleção foram sendo aperfeiçoados, de modo a examinar as condições da adaptação do futuro trabalhador às relações de trabalho existentes na ferrovia.

Para o recrutamento de trabalhadores que melhor se adaptassem às condições de trabalho na empresa, foram estabelecidos novos instrumentos para sua seleção e acompanhamento no trabalho: a avaliação por "atitude" e "comportamento", a introdução da "ficha social", a utilização de assistente social e psicólogo com funções de orientar e acompanhar os trabalhadores, no desenrolar do curso e da carreira ferroviária.[3]

A sujeição e integração dos ferroviários aos objetivos da empresa não passou somente pelas estratégias de seleção e formação profissional utilizadas pelos Cfesp, buscou-se moralizar e disciplinar os ferroviários, por meio de uma intensa propaganda feita pela imprensa, após 1930, tanto aquela ligada à imprensa ferroviária (jornal *O Apito*) quanto à ligada diretamente à administração da empresa (revista *Nossa Estrada*).

Considere-se, ainda, que, ao assumir a direção da Sorocabana, em 1927, Gaspar Ricardo se propusera a seguir o princípio de que o maior e melhor serviço deveria ser executado com o mínimo dispêndio de capital. Apesar de haver recebido a administração com um excesso de despesa sobre a receita, decorrente do aumento de gastos feitos com acréscimo de material, de pessoal e de novos serviços, na administração anterior, esse diretor tinha entre seus principais objetivos o de executar a grandiosa obra da linha Mayrinky-Santos e concluir as oficinas de Sorocaba.

---

3   Acompanhar o andamento desse processo em Caetano (1986).

Nesse contexto, inicia uma ampla campanha de racionalização do trabalho, incidindo sobre as formas mais econômicas e racionais de utilizar os materiais e instrumentos de trabalho e os modos de execução e divisão das tarefas.

Reduziu-se ao estritamente necessário o consumo de material, melhorou-se o aproveitamento da lotação de vagões e locomotivas, diminui-se o peso morto de carros de passageiros ultimamente adquiridos, reduziu-se no mínimo a dupla tração [...].

O emprego generalizado da lavagem a quente das caldeiras das locomotivas deu lugar a seu melhor aproveitamento, pela diminuição das horas gastas no resfriamento, pela diminuição quase que radical das incrustações argilo-calcáreas e vazamento de tubos. Esses fatores vieram influir também eficazmente na diminuição da verba mais poderosa da Estrada, isto é, no gasto com o combustível. (Estrada de Ferro Sorocabana, 1927)

Racionalizada a questão do combustível, empenhou-se o administrador em resolver os problemas relativos ao pessoal, que deveria ser disciplinado e controlado de forma a produzir "mais e melhor", e a imposição de um novo órgão de controle do pessoal e de novos regulamentos disciplinadores indica para a existência de outros objetivos a serem alcançados com essas medidas, além do aumento da produtividade.

Além disso, era reduzido ao mínimo possível o contingente de pessoal empregado na Sorocabana, que, antes mesmo da crise de 1929, tendo em vista a relação número de empregados X extensão das linhas, já mantinha um número bastante inferior ao das demais ferrovias. Observe-se no Quadro 1, divulgado num relatório de 1929, da Secretaria de Viação e Obras Públicas, a relação entre o número de empregados e a quilometragem das estradas paulistas, em 31 de dezembro de 1928 (Revista das Estradas de Ferro, 30.7.1931, p.323).[4]

---

4   Nesse quadro, não se encontram computadas a Central, a Empresa Transway de São Vicente e Guarujá, a de Votorantim e a Estrada de Ferro Jaboticabal. Também não consta o cômputo da Rede Mineira, que saía de Cruzeiro.

ESTRADAS	EMPREGADOS	QUILÔMETROS
Companhia Paulista	10.728	1.475.238
Sorocabana	9.978	2.029.150
São Paulo Railway	8.611	247.314
Companhia Mogyana	6.310	1.339.971
Noroeste do Brasil	3.886	501.697
E. F. Araraquara	1.791	280.712
Companhia do Dourado	599	272.706
Tramway da Cantareira	376	39.125
São Paulo-Goyaz	302	70.662
São Paulo-Minas	189	149.052
Campos de Jordão	157	46.580
Ramal Férreo	118	39.655
São Paulo-Paraná	99	6.968
Ramal Dumont	73	23.700
Companhia Itatibense	72	21.000
Santo Amaro	66	12.778
Monte Alto	66	31.350
Perus-Pirapora	41	16.000
Total	43.462	6.603.658

Quadro 1 – Relação entre o número de empregados e a quilometragem das estradas paulistas

Apesar da tentativa de Gaspar Ricardo em introduzir uma escola profissional nos moldes científicos, para os trabalhadores das oficinas, antes mesmo de 1930, foi somente nesse ano que ele conseguiu realizar seu intento, passando a formar novos trabalhadores e aperfeiçoar os mais antigos, outorgando-lhes uma formação racional, parcelada e restrita. Além disso, com o Cfesp, passou-se a selecionar apenas aqueles trabalhadores que melhor se adaptassem às condições de trabalho na empresa.

A reorganização administrativa pode ser considerada um prolongamento desse processo, ao realizar uma ampla redivisão dos trabalhos entre os órgãos do planejamento técnico e entre o processo de execução e planejamento, além de centralizar todos os poderes na direção da empresa.

A orientação política da nova ordem administrativa

A reforma administrativa tratou de adequar as condições de trabalho ao novo tipo de trabalhador formado pelo Cfesp, ampliando a separação entre funções técnicas e administrativas, além de garantir a existência de funções mais especializadas e uma fiscalização e controle maior sobre os trabalhadores.

Em 1935, a diretoria da Sorocabana incumbiu uma comissão, composta por engenheiros e altos funcionários (Estrada de Ferro Sorocabana, 1935, p.XLIII),[5] de realizar um projeto para sua reorganização administrativa, segundo a qual deveriam constituir pontos essenciais da reforma: "a racionalização dos métodos administrativos e a impressão de maior eficiência aos serviços, visando colocar a empresa dentro dos moldes das grandes organizações industriais modernas" (ibidem, p.XLI).

É importante observar que a reorganização administrativa da Estrada de Ferro Sorocabana ocorreu no contexto das modificações mais gerais da administração dos serviços públicos do estado de São Paulo, realizados por meio da atuação do Idort. Em 1934, o interventor do Estado, Armando de Salles Oliveira, incumbiu esse instituto de estudar e propor medidas de reorganização dos serviços públicos. Essa atuação do Idort e suas formas posteriores de intervenção na organização do processo de trabalho no país denotam, portanto, as diversas estratégias assumidas pelo movimento racionalizador da sociedade brasileira, após 1930 (Antonacci, 1985).

Pelo plano Reorganização Administrativa do Governo Estadual (Rage), o Idort buscou proporcionar ao Estado novas condições para o desenvolvimento da produção e do consumo, tornando-se o centro irradiador do reordenamento da sociedade, sob os moldes racionais.

Em editorial da *Revista Idort* (1935, p.175), tais intenções estão explicitadas:

> [...] É dever do Estado e dos mais louváveis, colaborar nas atividades econômicas do país como orientador técnico, fornecendo a todos que solicitarem, ou por publicidade adequada, os resultados dos estudos próprios

---

5   Essa comissão era composta por Raul Cavalcanti (ajudante da 1ª Divisão), Lauro Parente (auxiliar técnico da diretoria), Luiz Bandeira de Mello (engenheiro residente) e Mário Cabral Júnior (chefe de departamento comercial).

ou coordenados com as instituições existentes, na forma de conselhos, padrões normais e recomendações de caráter geral, a serem seguidos facultativamente pelos interessados [...]

A designação do diretor do "Instituto de Organização Racional do Trabalho", para o cargo de interventor federal em São Paulo, configurou-se como um fator decisivo para a implementação dos princípios racionais em um nível mais amplo. Desse modo, pode-se entender que a diretriz racional que tomou a organização do trabalho na Sorocabana não fazia parte de um projeto pessoal de Gaspar Ricardo, mas dizia respeito, isto sim, a um projeto mais amplo da burguesia industrial, em que figuravam nomes como Gaspar Ricardo, Roberto Mange, Armando de Salles Oliveira, Roberto Simonsen etc., os quais atuavam em setores diversos, mas que convergiam para o mesmo objetivo de expansão da racionalização para toda a sociedade.

Os engenheiros ferroviários, fazendo parte de setores de ponta desse processo, organizaram vários congressos na década de 1930. O "Congresso de Engenharia e Legislação Ferroviária" objetivava reunir os engenheiros das ferrovias do Brasil para "que se possa estabelecer um melhor conhecimento mútuo e se torne possível uma cooperação mais eficaz de esforços para o aperfeiçoamento da técnica e da administração da ferrovia" (ibidem).[6]

A atuação do Idort sobre a máquina estatal, por meio do plano Rage, pretendia coroar o reordenamento das formas de exercício de dominação de setores da burguesia industrial, que, a exemplo dos engenheiros ferroviários, articulavam "o aperfeiçoamento da técnica e da administração". A Rage se transformou na matriz das demais iniciativas racionalizadoras, implementadas na sociedade brasileira, e a atuação do Estado deveria valer para sanar as divisões internas da burguesia industrial e sua dificuldade de controle dos conflitos sociais vigentes (Antonacci, 1985). Nesse sentido, as novas estratégias utiliza-

---

6   O I Congresso de Engenharia e Legislação Ferroviária foi realizado em Campinas, de 23 a 31 de outubro de 1935, por iniciativa da Associação dos Engenheiros de Campinas, sob o patrocínio dos governos federal e estadual e das Estradas de Ferro do Brasil.

das visavam imprimir os princípios racionalizadores de planejamento, especialização, previsão e controle aos demais setores da burguesia, assim como a todos os níveis da vida pública e privada. Foi com essas orientações que o Idort passou a atuar junto a municípios, Estados e repartições da União, que o consultavam para resolver seus problemas administrativos. Os prolongamentos desse processo também podem ser verificados na Constituição de 1937, em que os princípios racionalizadores se encontraram presentes, prevendo inclusive a criação de um departamento administrativo que deu origem, em 1938, ao Departamento Administrativo do Serviço Público (Dasp). O Dasp inscreveu-se como sócio coletivo do Idort, entrando em contato com seus trabalhos sobre a Administração Pública do Estado de São Paulo, inclusive os estudos sobre psicotécnico para seleção e aperfeiçoamento pessoal (ibidem).

É possível perceber os princípios do Idort sendo difundidos e perpassando toda a malha social ao observar a existência de uma linguagem comum que expressava as mesmas diretrizes para a viabilização de propostas de racionalização para a sociedade como um todo, para os serviços públicos em geral e para um organismo menor, conforme é o caso da Estrada de Ferro Sorocabana.

Pelo plano Rage, o Idort realizou, em 1934, um levantamento minucioso sobre o funcionamento da administração estadual, com o qual foi feito um relatório preliminar ao interventor do Estado, descrevendo de forma sistemática os dados referentes ao esquema estrutural dos serviços públicos paulistas – desde rotina administrativa até andamento dos papéis, disposição dos móveis, controle do material e instrumentos utilizados para a realização de cada tarefa, controle da presença ao trabalho, do tempo consumido em cada atividade etc.[7]

---

7   Nesse relatório, procedeu-se à decomposição e classificação dos dados levantados, abrangendo a organização geral da administração estadual até 1934. Ele foi apresentado em 106 volumes, sendo 11 relativos à Secretaria de Viação e Obras Públicas; destes, os volumes 17, 18 e 19 eram referentes à Estrada de Ferro Sorocabana.

Cumprida essa tarefa, foi elaborado um relatório final, no qual se expôs um plano geral para a reorganização dos serviços públicos, que teve sua aplicação prática iniciada em novembro de 1935. Embora a execução normal desse plano tivesse de ser interrompida ao final de 1937, e, oficialmente, apenas alguns itens da reforma projetada tivessem sido colocados em prática sob a supervisão do Idort, é possível perceber que o trabalho realizado por esse instituto e suas orientações foram aproveitados e colocados em prática, embora este não tivesse assumido diretamente as tarefas de sua execução.[8]

O Plano de Reforma Administrativa da Sorocabana foi elaborado em 1935, contando, portanto, com os resultados dos trabalhos realizados pelo Idort na empresa, com base no levantamento e na análise de todos os seus serviços, assim como nas orientações e sugestões para sua reorganização administrativa (Rage-Idort).

Não resta dúvida de que esse trabalho de análise preliminar e as sugestões finais serviram de base para os estudos realizados pela equipe encarregada de propor a nova forma administrativa para a Sorocabana, conforme demonstra um trabalho comparativo, apresentado a seguir, entre as diretrizes racionais apontadas pelo Idort e aquelas que norteavam as novas práticas organizacionais da ferrovia.

Em relatório final da Rage, foram apontados os quatro principais defeitos encontrados na organização dos serviços públicos estaduais: a) falta de divisão de trabalho e especialização de funções, b) falta de coordenação e concentração da direção, c) inexistência de controle e fiscalização, e d) confusão entre funções políticas e administrativas.

---

8 "Ainda que atribuindo à 'implantação do Estado Novo' a suspensão dos seus serviços do plano RAGE, que complicou com a prisão e o exílio de Armando de Salles Oliveira, foi com satisfação que o IDORT constatou na Constituição de 1937, a 'incontestável *vitória da idéia* que norteia as suas atividades'. Não só os seus princípios racionalizadores foram especificamente contemplados através das diretrizes intervencionistas dessa Constituição, que facultava ao Poder Público a atuação em qualquer esfera da economia 'com fim de incrementar, coordenar e aperfeiçoar a produção nacional', como seu programa foi incorporado pelo Governo Federal, que se conferiu poderes para organizar agências racionalizadoras" (Antonacci, 1985, p.186-7).

Realmente não se pode conseguir um aperfeiçoamento concomitantemente com a economia, sem a existência de um efetivo controle o qual, por sua vez, exige para ser praticável, uma organização adequada. Ora, essa organização tem que ser baseada no princípio da *hierarquia*, partindo de *uma direção única*, de onde provém a *disciplina*, o regime de responsabilidade com autonomia, a coordenação indispensável ao conjunto.

A *divisão do trabalho* também é indispensável por que determina *a especialização de funções* com que se aperfeiçoa os serviços e se evitam as duplicidades, facilitando a *fiscalização permanente*. (Rage-Idort, p.80 – grifos nossos)

Nos relatórios da empresa que apreciaram a reforma a ser implementada, destacando os novos esquemas reguladores do trabalho, podem ser observados esses mesmos princípios de divisão e especialização do trabalho, assim como os mesmos objetivos de previsão e controle.

Foi projetada para a Sorocabana uma organização que permitisse uma maior descentralização dos serviços em seus respectivos setores, assim como o estabelecimento de um critério mais acurado de especialização das atividades (Estrada de Ferro, 1935, p.XLIII; 1936, p.XXXIV).

Além disso, foi proposto um tipo "misto" de organização que proporcionasse uma transição do sistema existente para o divisional. Dessa maneira, não foi implementado, na íntegra, nenhum dos esquemas usuais de organização ferroviária, sendo consideradas as peculiaridades dos serviços e as conveniências da própria Sorocabana. Segundo seus idealizadores, não foi aconselhada a implementação imediata do sistema divisional porque este era adequado às redes de extensão maior do que a Sorocabana, além de exigir administração numerosa e caríssima (Estrada de Ferro Sorocabana, 1935, p.XLIII).

Observa-se, entretanto, que, embora essa empresa não tenha pretendido implementar inicialmente os serviços administrativos divisionais, esse fato não inviabilizou os propósitos subjacentes a tal forma organizacional, que se relacionam às propostas de divisão mais específica das tarefas de planejamento entre as diversas especialidades, de aprofundamento da divisão entre as tarefas de execução e planejamento e de centralização dos poderes em uma direção única e geral da ferrovia.

Antes da reforma administrativa, a Sorocabana encontrava-se repartida em cinco divisões administrativas, uma seção de chefia de secretaria e uma consultoria jurídica que atendia a todas as divisões e à chefia de secretaria, conforme o seguinte organograma (Rage-Idort, 1945, v.XVII):[9]

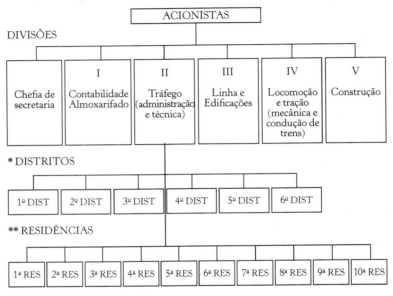

* Chefia: inspetor de tráfego.
** Chefia: engenheiro residente.

À "I Divisão" correspondia a contabilidade, contadoria, estatística, tesouraria, almoxarifado e armazéns de abastecimento.

À "II Divisão" eram confiados os serviços de tráfego em geral – rodoviário e ferroviário –, compreendendo todos os serviços relativos ao estudo de horários, escala e circulação de veículos, fiscalização do aproveitamento da capacidade do material rodante da tração e de transporte, de capacidade de linhas, desvios e armazéns.

---

9   Observar que na forma organizacional da Sorocabana, anterior à reforma administrativa, os órgãos responsáveis pelo planejamento e pela execução dos serviços recebiam o nome de "divisões", em vez de "departamentos".

FERROVIÁRIOS, TRABALHO E PODER 87

Os serviços relacionados à via permanente eram de competência da "III Divisão de linha e edificações", que se responsabilizava pelas tarefas de construção reparação e conservação de linhas, estações, edifícios, dependências de abastecimento de água, telégrafos, fones, iluminação, sinalização, obras novas e conservação em geral.

A "IV Divisão" cuidava da locomoção e tração, e à locomoção correspondiam os serviços de reparação e conservação de locomotivas, construção e reconstrução de carros, oficinas em geral e oficinas do serviço rodoviário. A área de "tração" tinha a seu cargo o serviço de condução de trens e de conservação de material rodante e de tração.

A "V Divisão" respondia pelos serviços de construção da linha Mayrinky-Santos e pelos projetos de novas linhas.

Essa estrutura organizacional foi substituída por outra em que os serviços administrativos foram separados dos serviços técnicos, de forma a descentralizar os poderes de planejamento e decisão que a união de ambos possibilitava. Dessa forma, os serviços técnicos foram agrupados e centralizados em departamentos exclusivamente técnicos, reunindo os serviços semelhantes sob uma mesma orientação, isto é, tornando mais específicas as funções de cada um.

A especialização de serviços e de funções mereceu também cuidado particular. Atestam o efeito desse princípio, o esboço da organização, a existência de departamentos especializados – conservação da Via Permanente, Mecânica e outros – bem assim, as atribuições que se outorgam aos chefes de serviço e seus ajudantes. Os primeiros se incumbem dos estudos e aperfeiçoamentos técnicos, dando apenas a orientação superior e as normas de trabalho; os segundos cuidam somente da execução e da parte burocrática. Os chefes planejam, ordenam e fiscalizam; os ajudantes executam. É esta a orientação observada no sistema "Divisional" em que as atribuições do primeiro cabem ao "Departamento" e as do segundo, às "Divisões".

[...] A organização proposta, um regime de transição, na tendência para o "divisional", como ficou dito, assim se caracteriza: oferece mais acurada especialização das atividades e funções; descentraliza os trabalhos; reúne os serviços semelhantes sob a mesma unidade de direção; melhora a distribuição dos encargos pessoais e o desenvolvimento técnico da Estrada; suprime seções que representavam superfecção de serviços; e finalmente inaugura um método de controle mútuo dos Departamentos entre si. (Parente, 1935)[10]

Essas propostas foram viabilizadas principalmente pela formação de dois novos departamentos – tráfego e transportes – que dividiram entre si as tarefas de: a) planejamento das questões técnicas e b) as tarefas administrativas dos transportes. O departamento de transportes reuniu, sob uma única direção, os serviços de tração e movimento, passando a cuidar de forma conjunta das atividades relacionadas à organização da circulação de trens e dos serviços mecânicos necessários para a condução e conservação dos carros e locomotivas. Dessa maneira, esse departamento incumbiu-se de fazer executar os serviços técnicos de circulação de trens, enquanto o departamento de tráfego especializou-se no estudo e planejamento de serviços de análise das tarefas, fomentos e recuperação dos transportes, assim como no planejamento da rede de ferrovias tributárias e da expansão e intensificação da agricultura e indústria da região.

[...] Os pontos básicos da reforma foram a criação do novo Departamento de Transportes, anexando a Tração, Movimento e o serviço das estações, que antigamente separados estavam sujeitos a direções distintas, e a criação do Departamento de Construção, como órgão efetivo, sendo-lhes conferidas as atribuições, pertinentes à construção de edifícios, anteriormente subordinados à antiga terceira Divisão. (Estrada de Ferro Sorocabana, 1936, p.XXXI)

O Departamento de Tráfego se conservará alheio à técnica de execução dos transportes para dedicar-se exclusivamente ao estudo das questões econômicas da Estrada e de sua zona. Os problemas do comércio ferroviário e rodoviário, o fomento dos negócios e a política de recuperação dos transportes, os assuntos de concorrência rodoviário e ferroviário, lhe absorverão o maior interesse. (Estrada de Ferro Sorocabana, 1935, p.XLIV)

Deve-se destacar o fato de que, na forma administrativa anterior, já havia uma estrutura organizacional de execução direta dos transportes

---

10   O engenheiro Lauro Parente também fez parte, conforme foi mencionado, da comissão encarregada de planejar a reestruturação administrativa de 1935.

que colocava ao longo das linhas vários postos de direção e controle sobre o tráfego. Havia seis distritos que se responsabilizavam pela coordenação dos serviços de tráfego técnico e comercial, em uma determinada extensão da Estrada, e as residências, que eram em número maior e tinham a seu cargo a execução de construções e reparos de edifícios e da linha permanente, em um trecho menor dentro do distrito.[11]

As residências, responsáveis pelos serviços de linha e construções, eram dirigidas por um engenheiro ajudante, que contava com três a quatro mestres de linha, os quais dirigiam os serviços dentro de trechos menores. Os mestres de linha comandavam os serviços dos feitores e encarregados de turma de preparo e conservação de linha.[12]

Os executores diretos de trabalho na via permanente e em construções eram compostos por trabalhadores meramente braçais – carregadores de dormentes, pedras, ferros, trabalhadores com pás, picaretas etc. – e também por trabalhadores mais especializados: pedreiros, carpinteiros, ferreiros etc., subordinados a uma estrutura hierárquica complexa da qual se pretendeu, com a reforma, retirar o máximo de autonomia e decisão sobre a forma de execução das tarefas.

Cada distrito era dirigido por um inspetor de tráfego que coordenava todas as questões técnicas e administrativas do tráfego, e os engenheiros residentes estavam sob sua tutela administrativa, embora estivessem subordinados às normas de serviço ditadas pela divisão de linhas e edificações (Rage-Idort, 1934, v.18).

---

11   Os *distritos* tinham as seguintes sedes: 1° Distrito: São Paulo; 2° Distrito: Piracicaba; 3° Distrito: Itapetininga; 4° Distrito: Botucatu; 5° Distrito: Assis; 6° Distrito: Santos. As *residências* estavam assim distribuídas: 1ª Residência: Sorocaba; 2ª Residência: Itu; 3ª Residência: Piracicaba; 4ª Residência: Itapetininga; 5ª Residência: Laranjal; 6ª Residência: Botucatu; 7ª Residência: Avaré; 8ª Residência: Assis; 9ª Residência: Presidente Prudente; 10ª Residência: Santos (Rage-Idort, Relatório preliminar, v.1).

12   Segundo depoimentos de ferroviários aposentados que ingressaram na Estrada de Ferro Sorocabana em 1930 – José Henrique da Silva (encarregado) e Antonio Santiago Gomes (mestre de linha) –, o "feitor" era encarregado de fiscalizar e "dar ordem na turma" sendo responsável por seis quilômetros de linha. O "encarregado" tinha a função de ajudar e substituir o feitor, e o "mestre de linha" era responsável pela fiscalização de um trecho maior composto de doze turmas.

A antiga divisão de linhas e edificações também conheceu uma descentralização em seus serviços, passando os engenheiros residentes e demais chefias a ele subordinadas a ocupar-se exclusivamente da conservação e aperfeiçoamento da via permanente, o que possibilitou uma ação mais eficaz no controle e na supervisão dos trabalhadores.

A mudança da antiga Divisão de Linhas e Edificações, transformada em Departamento da Via Permanente, obedeceu ao intuito de criar-se um órgão especializado na conservação exclusiva da linha. Ficou bem estudada a conveniência de libertar os engenheiros residentes, bem como a chefia da linha, da preocupação de construir edifícios, obras d'arte etc. A este Departamento confiou também a incumbência dos estudos relacionados com os melhoramentos e aperfeiçoamentos da via. (Estrada de Ferro Sorocabana, 1936, p.XXXIV)

Assim, foram desvinculados os trabalhos da via permanente dos trabalhos de construção e conservação de edifícios, os quais ficaram sob a responsabilidade do departamento de construção, que resultou da mudança da antiga V Divisão, que anteriormente havia se incumbido das obras da linha Mayrinky-Santos.

Conforme pode ser percebido na organização administrativa anterior, os inspetores de tráfego e os engenheiros residentes concentravam grande poder em relação ao planejamento e à execução dos transportes, diante de amplo conhecimento sobre a realização dos serviços que lhes garantia razoável autonomia para tomar decisões. Essa reforma, além de restringir as responsabilidades desses chefes a um determinado setor – execução dos transportes, conservação da linha –, ainda lhes impôs a obediência aos planos e regulamentos elaborados pela chefia dos departamentos a que estavam subordinados. De certa forma, o sistema organizacional de execução dos transportes anterior foi aproveitado pelo departamento de transportes.

Para direção imediata dos serviços ao longo da linha, as estradas deverão manter, em pontos convenientes Inspetores de Transportes, providas de centros seletivos, telégrafos etc. No trecho sob sua jurisdição o Inspetor de Transportes representará o Chefe do Departamento quanto à execução dos transportes. (Parente, 1935)

FERROVIÁRIOS, TRABALHO E PODER 91

À semelhança do papel das divisões no sistema departamental, os distritos tornaram-se responsáveis pela execução dos serviços de movimentação e tração, seguindo os regulamentos e orientações elaborados pelo departamento de transportes. O inspetor de transportes dirigia a execução dos serviços nos distritos e contava com a ajuda de três chefias a ele subordinadas: chefia de tração, do movimento e das estações.

Quanto ao departamento de conservação da via permanente, foi reservado a seu chefe a superintendência de todos os trabalhos relativos aos estudos dos aspectos técnicos e de normas de trabalho do setor, ficando os engenheiros residentes responsáveis pela viabilização desses serviços e cabendo-lhes

[...] inspecionar com freqüência a linha, verificando o seu estado, providenciando sobre: meios de segurança dela, produtividade e disciplina do pessoal, aproveitamento de materiais etc. Dar instruções e ensinamentos emanados do chefe. (ibidem)

Outra transformação importante na estrutura administrativa ocorreu na organização dos serviços mecânicos, realizados nas oficinas e nos depósitos de locomotivas. Desvincularam-se os serviços mecânicos de construção e reparação de locomotivas, carros, vagões, telégrafos, sinalizações etc. dos serviços de tração, relativos à conservação e manutenção das locomotivas e vagões nos depósitos de locomotivas, localizados em alguns pontos ao longo da linha.

Conforme frisado anteriormente, os serviços de tração ficaram afetos ao departamento de transportes, liberando o departamento de mecânica para tratar apenas dos serviços das oficinas centrais, para o que contava com uma eficiente central de planejamento técnico que elaborava as orientações e instruções técnicas dos serviços.

O Departamento de Mecânica, cuja sede foi localizada em Sorocaba, compreende as oficinas de locomotivas, de carros e vagões e as oficinas industriais especializadas. Da reforma administrativa, embora vigorando há pouco tempo obtivemos resultados animadores [...]. O Departamento de Mecânica em Sorocaba, atuando diretamente nas oficinas, modernizou os nossos serviços, permitindo melhor harmonia de funções e eficiente utilização das capacidades. (Estrada de Ferro Sorocabana, 1935)

Considerando que os departamentos de transportes e mecânica eram responsáveis pelos setores que congregavam o maior contingente de trabalhadores da ferrovia, de cuja força de trabalho a viabilização dos transportes dependia diretamente, é possível compreender a grande intervenção que sofreram na empresa para reorganizar o controle sobre o processo de trabalho. Deve-se destacar, ainda, que, nesse período, os trabalhadores mecânicos estavam sendo submetidos a uma formação profissional baseada nos princípios da organização científica do trabalho, e a reorganização do trabalho nas oficinas iria proporcionar uma "eficiente utilização das capacidades" que estavam sendo formadas nas escolas.

O organograma seguinte demonstra o sistema administrativo implementado com a reforma.

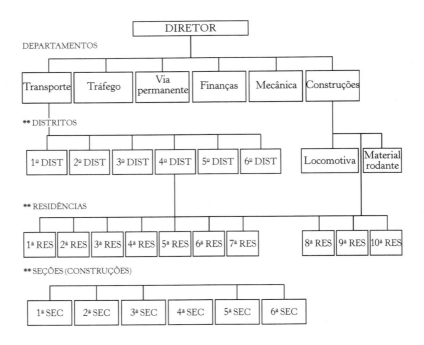

* Chefia: inspetor de transportes (tração, movimento estações).
** Chefia: engenheiro residente (via permanente) e engenheiro ajudante (construções).

A grande extensão do espaço onde se desenvolvia o trabalho e o grande número de trabalhadores empregados pelas ferrovias requeriam que a organização do processo de trabalho se fizesse por meio de uma rede hierárquica, que permitisse um controle e uma subordinação sobre todos os componentes de seus quadros de funcionários: desde o maior até o menor da escala hierárquica.

O trabalho na via permanente exigia uma rigorosa atenção das administrações, visando à organização racional e ao controle de seus serviços:

> É o serviço de controle uma das operações mais delicadas e difíceis da administração ferroviária. Nas Estradas de Ferro os serviços ficam espalhados por uma rede de centenas de quilômetros; esta grande disseminação traz dificuldades espaciais para a fiscalização e exigiria número elevado de controladores, com despesa impraticável, se não fossem organizados os serviços de maneira a permitir a fiscalização com pessoal muito restrito. (Bittencourt, 1935)

A resolução desse problema pela administração ferroviária é realizada pela organização de estatísticas rigorosas que definem os serviços a serem feitos, a seriedade dos trabalhos a serem executados em cada trecho, o tempo a ser utilizado em cada tarefa, a produção média de cada trabalhador, a produção diária de cada turma de serviço, a média de consumo de material e instrumentos de trabalho etc.

Essa sistematização dos serviços da via permanente objetiva, portanto, um controle da marcha de serviço, da produção e do emprego do material. Conta-se com uma determinada fiscalização e organização ferroviária do trabalho, baseada no tipo clássico "hierárquico-militar", que é composto por engenheiro residente, mestres de linha, encarregados e feitores responsáveis pela execução e pelo controle dos serviços em determinadas subdivisões dos trechos da linha.

Nesse sentido, nos trabalhos de realização dos transportes, os inspetores de tráfego, engenheiros residentes, mestres de linha, feitores, encarregados, além dos chefes das estações, dos armazéns e dos depósitos de locomotivas, faziam parte de uma estrutura hierárquica que permitia um atravessamento das formas de controle por todos os seus degraus, atingindo o quadro mais amplo de pessoal, que era responsável pela execução direta do trabalho.

A reorganização administrativa não intentou modificar essa ordem hierárquica, e sim modificar suas funções anteriores. Com a separação entre a parte técnica e a parte administrativa dos transportes, nos departamentos de transportes e de tráfego, também se modificaram as funções dos chefes distritais, que ficaram liberados dos encargos de coordenação do tráfego técnico e comercial da Estrada e passaram a dedicar-se exclusivamente à coordenação e fiscalização da execução dos serviços, podendo contar com mais tempo para a supervisão e controle dos trabalhadores: "[...] da Reforma Administrativa, embora vigorando há pouco tempo, obtivemos resultados animadores. A descentralização dos serviços, a ação mais direta dos chefes distritais em seus respectivos setores [...]" (Estrada de Ferro Sorocabana, 1935, p.XLIII).

Na realidade, o que se pretendeu, ao serem colocadas novas regras para o funcionamento de serviços, foi a expropriação da autonomia da capacidade decisória das chefias sobre o que, quando e como executar as tarefas, assim como possibilitar o aprofundamento do controle e da vigilância sobre os trabalhadores.

Atuando nessa mesma direção, encontrava-se uma das principais características da reforma que propunha "o estabelecimento de um critério de especialização de atividades e funções" (ibidem), o qual certamente diminuiria o controle dos ferroviários sobre o processo de trabalho e que contou com a contribuição do Cfesp para formar os trabalhadores com especialização restrita.

Contrapondo-se à descentralização dos serviços, que intensificou a divisão entre planejamento e execução, foi mantida e ampliada a subordinação de todos a uma única autoridade, centralizada na direção da Estrada, que detinha o poder de decisão final e de coordenação sobre toda a estrutura organizacional, acompanhando assim a proposta do Idort no plano Rage, para todas as secretarias de Estado e também para a diretoria das estradas de ferro, subordinada à Secretaria de Viação e Obras Públicas.

Um dos membros da comissão encarregada da reorganização administrativa expõe o papel que deve assumir a sua direção

As atribuições de um Diretor ou Superintendente transcendem as limitações que lhe poderiam opor os regulamentos. Enfeixa nas suas mãos todos os poderes. A orientação geral, a coordenação de todos os serviços, dependem de seu comando [...]. Os seus encargos são complexos, vastos e não comportam outras restrições além das que lhe opõem a ética profissional e as leis. (Parente, 1935)

Em suas orientações gerais para a reorganização dos serviços públicos estaduais, o Idort aconselhava que fossem reunidos os vários órgãos técnicos em um mesmo nível de contato, por meio de conselhos técnicos com representantes dos vários departamentos, e que todos ficassem subordinados a uma única autoridade administrativa e técnica, que lhes assegurasse a desejada coordenação. Dentro dessa mesma ordem de idéias, foi sugerida pelo plano Rage-Idort a criação de uma diretoria geral para as estradas de ferro estaduais, que fosse o "[...] centro coordenador, controlador das diversas administrações das Estradas, ou melhor, a sua alta administração" (Rage-Idort, v.2).

Tal princípio é apontado pelo chefe da segunda divisão da Estrada de Ferro Sorocabana, quando em reunião para estudo e discussão do projeto para a reorganização administrativa: "[...] que o Diretor [...] é a cabeça que dirige e ordena o pessoal, que os chefes dos Departamentos formam o Estado Maior do Diretor de uma Estrada, ou uma espécie de Conselho Administrativo" (Estrada de Ferro Sorocabana, Ata da 3ª reunião..., 1935).

A estrutura de poder verticalizada e centralizada na figura do diretor da ferrovia deveria coordenar e controlar os serviços que foram descentralizados com a reforma administrativa, a qual se baseou na crítica feita pela comissão de reorganização à excessiva centralização de poderes que os chefes encerravam em suas mãos, na forma administrativa anterior:

O tipo europeu em que se inspirava a organização, já hoje antiga, se ressentia de falhas notórias. A centralização excessiva constituía uma delas. Os chefes encerravam nas mãos todas as alavancas de comando de vasto mecanismo, à sombra da centralização excessiva medrava a burocracia multiplicando o papelório, os "canais competentes", os "trâmites regulamentares". O único mal entretanto não estava na burocracia. Certos serviços afins, sem motivo plausível, se dispersavam e se isolavam uns dos outros, além de que a distribuição dos cargos não se dava de maneira eqüitativa. (Estrada de Ferro Sorocabana, 1936, p.XXXII-XXXIV)

Pretendeu-se, portanto, uma distribuição dos encargos pessoais de forma mais homogênea, possibilitando um nivelamento maior entre as funções dos diversos trabalhadores, de maneira que pudesse ser diminuído o controle maior que uma parte destes detinha sobre o processo de trabalho.

Em um artigo da *Revista Idort* (1938, p.35-6), pode-se perceber quais são os objetivos que direcionam as transformações da organização do trabalho, de forma a aprofundar sua divisão entre planejamento e execução: a expropriação do trabalhador de seu saber-fazer e conseqüentemente de seu controle sobre o processo de trabalho.

Muitas vezes as empresas industriais devem empregar os maiores esforços para encontrar contramestres competentes para suas oficinas. Esta dificuldade, entretanto, foi removida por uma fábrica que distribui as atribuições do contramestre entre outros elementos. Organizou-se um escritório central de planejamento, que dividiu o trabalho nas oficinas entre pequenos grupos de operários. A direção de cada grupo foi confiada ao seu melhor operário, recebendo este diretamente do escritório central as instruções que orientavam o trabalho de cada grupo. Este operário "primeiro da turma" deve ser bastante competente no seu ofício e bom trabalhador, capaz ainda de se impor perante seus colegas [...] é preciso porém, ter em vista, que a produção de tal operário nunca poderá ser igualada à atividade do verdadeiro contramestre, capaz geralmente, de dirigir o trabalho de quarenta a cinqüenta operários. Com essa resolução do problema, a maior parte da responsabilidade dos serviços nas oficinas recaem evidentemente no escritório central. Por exemplo, as providências referentes ao fornecimento de material, a determinação exata da seqüência das operações no processo de produção, a requisição de ferramentas, o plano de trabalho de cada máquina, etc. [...] ficam da exclusiva competência do escritório.

Esse processo de divisão entre planejamento e execução, de especialização e redivisão das tarefas, pensado em termos de organização racional e científica do trabalho, foi aperfeiçoado na década de 1940, diante da introdução da eletrificação nas estradas e do novo aparato técnico requerido para o funcionamento e a circulação de trens. A eletrificação da Sorocabana já fora cogitada desde a época da administração estrangeira, e, em 1924, na administração Arlindo Luz, esse projeto ressurgiu e foi estudado por Gaspar Ricardo Júnior, que ocupava o cargo de chefe da tração. O resultado de seu trabalho foi apresentado em um folheto denominado "Aumento da capacidade do tráfego e eletrificação da Sorocabana". Nessa ocasião, o diretor da Estrada chegou a nomear o dr. Antonio Carlos Cardoso como chefe da Comissão de Estudos da Eletrificação; esse engenheiro, tomando por base os estudos preliminares de Gaspar Ricardo, elaborou um projeto completo e pormenorizado em relação às questões técnicas e financeiras que envolviam tal empreendimento (*Nossa Estrada*, 1944).

Os compromissos financeiros assumidos pela empresa nesse período, tais como a duplicação do traçado entre São Paulo e Santo Antônio e as demais realizações já apontadas, não permitiram, entretanto, que os planos de eletrificação tivessem continuidade.

Substituindo Arlindo Luz na direção da Estrada, Gaspar Ricardo Júnior iniciou um entendimento com a Metroplolitan Vickers, para proceder a um estudo de eletrificação da Sorocabana. A proposta dessa companhia foi submetida à análise do governo do estado, e iniciaram-se as negociações junto ao Legislativo para a aprovação do projeto. Com a eclosão da Revolução de 1930, as negociações foram interrompidas, e, além disso, os gastos com a construção da Mayrinky-Santos, então em pleno andamento, tornaram extremamente difíceis as possibilidades financeiras para realizar tão oneroso empreendimento.

Finalmente, em 1938, o diretor da Estrada, Acrísio Paes Cruz, tomou a eletrificação como ponto fundamental de sua administração, determinando que fossem iniciadas as medidas essenciais para sua efetivação e contando com o concurso de uma comissão de engenheiros para a coordenação das ações nesse sentido.[13] Foi criado na Estrada um departamento só para gerir esses serviços – o departamento de eletricidade.

Em 1939, sob a responsabilidade da General Electric, foram iniciados os trabalhos, tendo sido, em 1944, inaugurado o primeiro trecho eletrificado da Sorocabana, que correspondia à linha dupla de São Paulo a Santo Antônio. Essa inauguração ocorreu na gestão de Ruy Costa Rodrigues, que tomou providências para o prolongamento da eletrificação da rede até Bernardino de Campos.

O reaparelhamento tecnológico da Sorocabana passou por uma nova regulamentação e organização do trabalho não apenas para os trabalhadores das oficinas, como também para aqueles da via permanente e das estações, a quem foram designadas novas funções e especializações, diante da proposta de eletrificação das estradas.

A fim de dirigir as primeiras locomotivas elétricas, foram escolhidos trinta maquinistas da Sorocabana para fazer um estágio na Companhia Paulista, ficando 45 dias nas oficinas de Jundiaí e 45 dias em experiências práticas no tráfego.

Segundo depoimento de um desses maquinistas, Vitório Camparin,[14] ao voltarem para a Sorocabana, tiveram de assumir um trabalho exaustivo e perigoso, contando com péssimas condições de trabalho e de vida. Diante disso, os maquinistas fizeram uma greve e foram chamados para conversar com a administração. Reivindicaram casas para morar e agasalhos para trabalhar nas máquinas elétricas, que eram muito frias. Conforme afirmou Camparin, eles foram atendidos nessas reivindicações, embora muitos maquinistas continuassem morrendo por causa do perigo que as locomotivas elétricas apresentavam.

13　Fizeram parte dessa comissão: Dr. Luiz de Mendonça Júnior, chefe do departamento de transportes da Estrada de Ferro Sorocabana; Dr. Djalma T. Maia, da eletrificação da Estrada de Ferro Central do Brasil; e Dr. Durval Azevedo, chefe mecânico da Companhia Paulista de Estradas de Ferro (*Nossa Estrada*, nov./dez. 1944, p.XLIX).

14　Maquinista aposentado, admitido na Sorocabana em 1917.

O relato de outro ferroviário, Ênio Marchezin,[15] que era ajudante do chefe das oficinas de locomotivas a vapor e diesel elétrica, em Mayrinky, é bastante elucidativo do processo expropriador do saber-fazer operário e da resistência dos trabalhadores diante de sua perda do controle do processo de trabalho.

No início da década de 1950, Marchezine foi convidado a fazer um curso de especialização em locomotivas diesel elétricas, com a finalidade de ir para Assis implementar esse sistema. Para isso, ele mesmo escolheu mais nove funcionários das oficinas de Mayrinky a fim de se especializarem em cada um dos três setores técnicos requeridos para seu funcionamento, formando assim três especialidades em cada setor: freios, elétrica e diesel. Chegando a Assis, em uma oficina com mais ou menos 400 empregados, foram escolhidos quinze funcionários para aprenderem as novas funções com os especialistas que vieram de fora.

Segundo o depoimento de Marchezin, o trabalho nas oficinas sofreu uma grande transformação e exigiu um novo quadro de especialistas, em razão das diferenças que as locomotivas a vapor e a diesel elétrica apresentavam entre si.

A locomotiva a vapor era rudimentar e alimentada com lenha, carvão ou outro tipo de combustível que produzisse o vapor para acioná-la. Exigia um trabalho mais braçal e pesado e um número grande de trabalhadores. A requisição de trabalhadores especializados ocorria em três setores: tubulações, montagens e injetores.

A locomotiva a diesel elétrica requeria especialistas em outras áreas, conforme foi apontado, e que permitisse lidar com a montagem e desmontagem de novos motores, assim como com o funcionamento das baterias. Além disso, o trabalho exigia mais capacidade técnica do que "força bruta", não utilizando um número tão grande de trabalhadores quanto para os serviços com a locomotiva a vapor.

Diante disso, quando Marchezin assumiu a chefia das oficinas, em Assis, teve de enfrentar as pressões e resistências até mesmo das chefias: "o inspetor da tração e mais três chefes revoltaram-se e,

---

15   Ferroviário aposentado que ingressou na Sorocabana em 1927, nas oficinas de Sorocaba.

'por baixo do pano', impuseram uma série de empecilhos e criaram várias 'casos' para atrapalhar o novo funcionamento das oficinas". Conforme seu entendimento, essa revolta também estava relacionada ao fato de que ele vinha implementar um serviço que lhes era completamente desconhecido, tendo sido muito difícil lutar contra os funcionários que teimavam em manter seus hábitos "arraigados". Nesse sentido, afirmou, "a própria chefia da tração da empresa ferroviária sofreu pressões e resistências dos engenheiros da Estrada de um modo geral".

O resultado desse conflito em Assis foi a demissão desses chefes, além de uma "seleção natural" que foi sendo feita ao longo do tempo sobre os trabalhadores em geral, pois "muitos trabalhadores não se adaptaram ao novo funcionamento e às novas funções das oficinas e, por outro lado, esse novo trabalho não exigia um número tão grande de trabalhadores". Essa "seleção natural", segundo o relato de Marchezin, foi sendo feita por meio de aposentadorias, "encostamentos", transferências para outros serviços etc.

O prolongamento das estratégias racionalizadoras, ocorridas especialmente entre o final da década de 1930 até a década de 1950, pode ser entendido em razão das resistências à efetivação das práticas científicas de divisão, especialização e controle sobre o processo de trabalho, implementadas no período anterior.

Dessa forma, juntamente com a eletrificação, foram aperfeiçoados os mecanismos de controle técnicos e administrativos, assim como definidos novos métodos de tratamento das questões sobre as relações sociais entre a empresa e os trabalhadores, no interior e fora do espaço de produção.

Da antiga organização Departamental adotada na Estrada de Ferro Sorocabana até o ano de 1936 — organização essa que se caracteriza por uma distribuição de funções ao longo de toda a Linha — operando pelos seus principais Departamentos: Linha, Locomoção e Tráfego, passou a Sorocabana em 1937 por uma Reforma que criou o Departamento de Transportes, com a fusão dos Serviços de Tração, Movimento e Estações, dando assim mais um passo para o Sistema Divisional.

FERROVIÁRIOS, TRABALHO E PODER 101

Em 1944, foram criados nessa Estrada os departamentos de material e de pessoal, tendo este último como uma de suas finalidades os serviços de assistência social.

A partir de junho deste ano foi adotado finalmente o Divisional Americano, que se caracterizava pela centralização na Orientação e descentralização na Execução, criando-se uma Sub Diretoria de Operações, que constitui o serviço ativo da Estrada e uma Sub Diretoria Administrativa, à qual ficaram afetos além dos Departamentos já existentes [...] mais um novo Departamento. Incumbido especialmente da Assistência Social – o Departamento de Serviço Social.

Verifica-se, assim, a importância que de uns anos para cá, vem a Estrada de Ferro Sorocabana dispensando a esse problema da Assistência Social – que culminou pela criação desse novo Departamento.[16]

Também se verificou que, além da ampliação e modernização dos serviços das oficinas, na década de 1940 (Estrada de Ferro Sorocabana, 1940, p.LXVII-LXII), foram realizados estudos visando ao emprego racional dos meios mecanizados para renovação, reforço e conservação da via permanente.

A operação, com a aparelhagem mecânica, tecnicamente pode se fazer com mais perfeição, mais eficácia, sendo ainda, mais durável, o que é um fator importante – permitindo também efetuar o trabalho dentro de um espaço de tempo muito menor do que se poderia conseguir com o trabalho manual – e nesse "serviço de linha a questão de tempo é questão importantíssima".[17]

Os serviços de escritório, por sua vez, também foram reorganizados em moldes racionais, tendo contribuído para tal a participação de funcionários da Estrada em cursos realizados pelo Idort. Constava do

---

16   Palestra proferida pelo engenheiro dr. Ruy Costa Rodrigues, ajudante técnico da diretoria e ex-diretor da Empresa Ferroviária (Reunião extraordinária..., 1948, p.35).

17   Palestra proferida pelo engenheiro dr. Ruy Costa Rodrigues (Reunião extraordinária..., 1948).

programa do "Curso de Organização Racional do Trabalho e Direção dos Serviços de Escritório", realizados pelo Idort, em 1946:

> [...] definição, origem e evolução da organização científica e teórica de Taylor, Ford e Stachanov; noções de psicotécnica e fisiotécnica [...] o fator humano será objeto de especial atenção [...] o estudo do ambiente de trabalho [...] instrumental de serviço, divisão e padronização do trabalho, movimento e tempo, controle da produção, qualidade e custo. A última parte do programa dessa cadeira refere-se ao aspecto social do trabalho, sua remuneração, teorias econômicas e salários, relações entre o pessoal e a empresa, regime de trabalho, previdência e assistência social, conflitos, greves, luta de classes e intervenção do Estado e sua legislação.
> A segunda cadeira do Curso – a de Direção e Controle dos Serviços de Escritório, iniciar-se-á por uma noção das funções administrativas de uma Empresa e de seu escritório [...]. (Estrada de Ferro Sorocabana, Circulares da Sorocabana)

Apesar da implementação do sistema divisional e de novos procedimentos técnicos, além da atualização e do aperfeiçoamento constantes do pessoal da chefia dos métodos racionais de administração e organização do trabalho, percebem-se o apelo e a insistência da alta administração da Estrada, dos chefes e engenheiros, reclamando sobre a necessidade de utilização de novos mecanismos que permitissem "conduzir homens com sucesso" para obter "o máximo progresso da empresa" (Estrada de Ferro Sorocabana, Reunião extraordinária..., p.40).

> [...] tem falhado um elo na cadeia do progresso que é relativo à educação do pessoal encarregado de manejar os homens para saber como conduzir a atividade econômica, dentro de normas mais humanas e mais científicas [...]. É indispensável a seleção do pessoal de direção com suficiente habilidade administrativa e com outras qualidades para poder satisfazer as responsabilidades dos tempos modernos [...].(Estrada de Ferro Sorocabana, Reunião extraordinária..., p.40)

O discurso desse diretor da Estrada demonstra que estão sendo encontradas dificuldades em controlar e manejar os trabalhadores, e, por isso, os chefes de serviço e engenheiros são convocados para adotar novos procedimentos de controle e disciplinamento do pessoal: "Há, sem dúvida, uma falta de preparação dos nossos engenheiros, de nossos técnicos ao deixar amanhã a escola, vão assumir responsabilidades de grandes proporções na direção de certos serviços" (ibidem).

Para que a direção dos serviços da Estrada obtivesse êxito, seria necessário que houvesse uma "elevação moral do trabalho", que seria obtida pela atuação de chefes com um preparo que lhes possibilitasse assumir novas atitudes, na condução dos serviços: "O essencial é possuir um espírito de justiça e de observação e aperceber-se o chefe da realidade da vida do trabalhador, preocupando-se por aplicar entre os seus subordinados *normas de trabalho e de vida* que façam mais produtivo o trabalho e mais aprazível a vida" (ibidem – grifos nossos).

Para a aplicação de novas normas de trabalho e de vida, as chefias contaram com a contribuição dos serviços sociais da empresa, os quais deveriam colaborar para a "melhoria das condições de vida do trabalhador e para seu maior rendimento no trabalho".

Espaço de trabalho: a dinâmica das lutas cotidianas

O longo processo de racionalização das condições de vida e de trabalho dos ferroviários teve por objetivo, certamente, a intensificação da produção e o controle do processo de trabalho. Para isso, porém, a empresa passou pela seleção e formação de pessoal, por reformas em sua administração e também pela produção de uma severa regulamentação, que visava manter a disciplina e obediência dos trabalhadores no espaço produtivo. Ademais, o que se destacou foi sua busca em influenciar e controlar a vida do ferroviário, fora do local de trabalho.

Por sua vez, os trabalhadores insubordinaram-se e resistiram, no interior e fora do processo de trabalho, diante das transformações impostas a suas condições de trabalho e de vida, desde a década de 1920. As suspensões, as multas, os inquéritos administrativos devidos a roubos, as dissensões entre chefes e subordinados etc., assim como os novos dispositivos regulamentares colocados em prática pela empresa, para fazer frente a essas insubordinações, apontam para a

104 MARIA DE FÁTIMA SALUM MOREIRA

agudização do conflito interno ao processo de trabalho nas décadas de 1930 e 1940.

As coleções de circulares sobre os processos e inquéritos administrativos e sobre multas e suspensões relativas a roubos e irregularidades no trabalho[18] permitiram essas conclusões a respeito das insubordinações dos trabalhadores no interior do processo de trabalho, e nas mesmas coleções de circulares encontram-se impostas ordens e normas da diretoria visando recompor a disciplina de seu pessoal, quanto a pontualidade, assiduidade, atenção ao serviço, respeito à hierarquia etc.[19] As circulares dirigidas ao pessoal dos escritórios estabeleceram as normas de comportamento, objetivando abolir o desperdício de tempo na execução das tarefas:

> recomendo muito especialmente, aos senhores chefes de serviço, que não consintam, em absoluto, que os funcionários palestrem nos escritórios em hora de serviço entre si ou com outros funcionários ou ainda, com pessoas estranhas à Estrada. O mesmo esta diretoria recomenda, com

18 Material levantado no Arquivo e Museu Ferroviário de Jundiaí, em pastas arquivadas sob os títulos: "Reclamações na Justiça", "Sindicâncias", "Inquéritos Administrativos", "Regulamentos da Estrada", "Ordens e Normas de Serviço", "Coleções de Circulares da Diretoria", "Coleções de Circulares do Tráfego".

19 "[...] as normas disciplinares estabelecem uma série de comportamentos, ou seja, uma micropenalidade de tempo ('o horário de entrada e de saída do serviço é devidamente pré-fixado e deve ser rigorosamente respeitado e observado' (T.)); de discurso ('é proibido promover durante o horário de trabalho, discussões e conversas com seus companheiros; salvo aquelas atinentes à realização de seu serviço' (C.B.)); de atitude ('manter sempre uma atitude de civilidade, agindo cortesmente e respeitosamente com seus superiores e colegas de um modo geral' (B.)); de percurso ('a entrada e saída deve ser realizada pelas portas indicadas [...]); de sexualidade (é proibido 'cometer qualquer ato, gesto ou linguagem imoral ou obscena, dentro da empresa ou em veículos da mesma [...]; de comportamento ('é proibido [...] jogar pontas de cigarros, papéis ou qualquer outro objeto no chão', bem como 'sentar-se ou colocar-se em posição inadequadas em janelas, máquinas, mesas [...]). Tornam-se, assim, penalizáveis as frações mais tênues da conduta. Esquadrinhando comportamentos, prescrevendo normas, aos regimentos internos cabe *prever, evitar, reprimir o conflito interno à fábrica*" (in Maroni, 1982, p.36-7). Sobre as relações entre burocracia e poder, consultar Lefort (1976) e Tragtenberg (1977, 1980).

FERROVIÁRIOS, TRABALHO E PODER   105

empenho, em relação a palestras nos corredores, nos gabinetes sanitários, nos aparelhos telefônicos da Estrada [...]. (Estrada de Ferro Sorocabana, Circular n° 380, 4.5.1931)

pedimos vossas providências, no sentido de ser descontado ¼ de dia de trabalho – de todo e qualquer funcionário que se afastar de seus afazeres por mais de 15 minutos, a não ser por motivo de serviço, plenamente justificado.(Estrada de Ferro Sorocabana, Circular n°3/327, 8.8.1931)

Outra circular, dirigida aos funcionários do tráfego, alerta para a necessidade de manter tanto a disciplina quanto o respeito à hierarquia:

> Muito já se tem dito e escrito sobre a *disciplina* que, em todas as organizações sociais e industriais e, principalmente em uma estrada de ferro, é *fator preponderante da ordem e de trabalho*. [...] Também os Agentes e Encarregados de Postos ou seus substitutos devem sempre receber os seus superiores hierárquicos quando em inspeção ou de passagem pelas estações ou postos respectivos, saudando-os em atitude respeitosa, como convém a um empregado disciplinado, e solicitar logo as suas instruções, sem que lhes seja preciso procurá-los para tal fim. [...] O Agente que assim proceder, cumpre o seu dever e dá exemplo de educação; eleva-se no conceito da Administração e aumenta a sua força disciplinadora junto aos seus subordinados. [...] O ferroviário que recebe sentado o seu superior e que não se levanta para atendê-lo, o que não o saúda, em atitude respeitosa, à sua passagem, evidentemente não está compenetrado dos deveres que a disciplina lhe impõe [...]. (Estrada de Ferro Sorocabana, Circular n° 601, 27.5.1930 – grifos nossos)

Essa circular dirige-se, ainda, diretamente àqueles que ousam contrapor-se a seus chefes ou discordar das penalidades que lhes são infringidas:

> [...] Alguns empregados – poucos, felizmente – esquecendo dessas normas imperativas, que não se podem perder de vista, sem prejuízo para o bom nome da Estrada e de seus servidores, costumam também dirigir a seus chefes cartas pouco atenciosas, sobre penalidades cominadas por faltas cometidas e processadas, ou se referir a outros superiores hierárquicos

em termos pouco delicados, reclamando contra responsabilidades que, pelos processos instaurados e, às vezes, por falta de informações seguras e completas dos próprios reclamantes, lhes foram impostas.

Tal atitude só serve para atestar, contra quem a assume, além da falsa noção que possui da verdadeira disciplina, uma certa incapacidade de dominar os ímpetos de seu temperamento, o que não ocorre, certamente, com homens de educação superior e que sabem encarar as questões do serviço do ponto de vista exclusivo dos interesses da Estrada, abstraindo-se do seu interesse individual, às mais das vezes ferido por sua própria culpa [...]. (ibidem)

Uma circular chama a atenção dos ferroviários sobre os regulamentos e as punições a que estão submetidos pelo uso de bebidas alcoólicas nas horas de serviço. Esses regulamentos, apesar de estarem dirigidos a todo o pessoal da Estrada, referiam-se principalmente ao pessoal de trens e de manobras.

O mecânico, foguista ou ajudante chefe de trem ou qualquer empregado deste, encarregado de zelar pela sua marcha e segurança que, sem ser por motivo de força maior, abandonar o seu posto antes do tempo, durante a viagem, ou que se embriagar nas mesmas circunstâncias, será punido com multa equivalente a 20 ou 30 dias dos respectivos vencimentos e demissão [...] pelos danos ou morte que resultarem da falta cometida.

[...] É vedado aos empregados da Estrada o uso de bebidas alcoólicas durante as horas em que estejam em serviço. O empregado que se apresentar embriagado ou que for encontrado em tal estado durante o serviço, sofrerá pena de suspensão e multa e será demitido em caso de reincidência. (Estrada de Ferro, Circular n° 1.023, 8.3.1932)

Além disso, entre as sete faltas consideradas graves e que permitiam a demissão sumária, mesmo dos ferroviários que já contavam com dez anos de serviços, constava "embriaguez habitual em serviço" (artigo 54 – Lei de Aposentadoria e Pensões).

Em março de 1932, a diretoria impõe a todos os seus funcionários uma severa regulamentação sobre faltas e licenças, que denota a sua intenção em acabar com a prática entre os trabalhadores de faltar, chegar atrasado, tirar licenças etc. (*O Apito*, 31.3.1932, p.7).

Em seu próprio relatório anual, é apontado o acirramento da situação de antagonismo com os funcionários, agudizada pela crise econômica, pós-1929, a qual levou à desorganização do mercado de trabalho, intensificação do processo de trabalho e compressão salarial.

Entre agosto e setembro de 1930, os ferroviários da Sorocabana denunciaram a política implementada pela empresa durante a crise, agindo com excessivo rigor na dispensa de funcionários, além da intensificação do uso da força de trabalho:

> [...] a Sorocabana está dispensando 100 operários por dia [...]
> [...] a Sorocabana por ordem direta do Governo do Estado de São Paulo, ao invés de diminuir as horas de trabalho ou de fazer um corte nos vencimentos de seus auxiliares, acha mais prudente e mais fácil dispensar, em massa, o proletariado, deixando na miséria centenas de famílias que vivem ali. (*A Platéia*, 26.8.1930)

Em seu relatório de 1932, consta que os efeitos da crise, de caráter externo à Estrada, foram a afetação da produção e do consumo e, portanto, das correntes de tráfego, e os efeitos de caráter interno foram a afetação da disciplina e da eficiência de seu pessoal.

As circulares então emitidas exigiam disciplina e respeito à hierarquia:

> A disciplina é a base da ordem. [...] Sem ordem não pode haver trabalho organizado ou produtivo [...]. Não se trata, é bem de ver, quando assim se exige, de homenagem pessoal, mas de simples dever de disciplina, indispensável à ordem nas grandes corporações especialmente nas estradas de ferro. (Estrada de Ferro Sorocaba, Circular n° 601, 27.5.1930)

Apesar dos constantes apelos requerendo ordem e trabalho de seu pessoal, os relatórios indicam que as insatisfações dos trabalhadores, nesse momento, foram manifestadas de forma violenta, exigindo inclusive a presença de um administrador rigoroso e com vasta experiência no tratamento com a luta dos ferroviários para substituir Gaspar Ricardo, que se afastara momentaneamente do cargo.

108 MARIA DE FÁTIMA SALUM MOREIRA

As condições para a manifestação do descontentamento dos ferroviários, ante a situação econômica aflitiva e a intensificação do uso de sua força de trabalho, foram favorecidas, segundo alguns afirmaram, pela vitória da Revolução de 1930, que proporcionou a uma significativa parcela da população ferroviária um clima de euforia e esperança na chegada de novos tempos (Fausto, 1976).

Embora seja difícil localizar os registros de quais foram as violências e insubordinações apontadas nos relatórios, pode-se constatar que os ferroviários de Assis, por exemplo, lideraram um movimento para incendiar uma unidade que gerava energia elétrica, de forma insatisfatória, para a cidade. Além disso, promoveram "quebra-quebras, arruaças, bebedeiras e a deposição de um inspetor, que era considerado ditador" (Ênio Marchezine, em entrevista).

Com o afastamento de Gaspar Ricardo Júnior, três dias após a vitória do movimento "revolucionário",[20] Francisco Paes Leme de Monlevade, que até então ocupava o cargo de secretário da viação, assumiu a direção da ferrovia e a tarefa de trazer os trabalhadores de volta à disciplina e à ordem,[21]

---

20 Gaspar Ricardo demitiu-se da Sorocabana três dias depois da Revolução que impediu a posse de Júlio Prestes na Presidência da República. Voltou ao cargo alguns meses depois, "reconhecida a sua capacidade pelas autoridades do novo governo, a despeito da amizade e lealdade que continuou devotando a Júlio Prestes e das intrigas que lhes moveram alguns maus empregados da Estrada os quais tentaram aproveitar-se do momento político para cair nas boas graças do poder". Dois anos depois, por ocasião do movimento constitucionalista paulista, tornou a desligar-se da Estrada, indo exercer, por nomeação do governador do estado, as funções de assistente civil do departamento central de munições (cf. *Dirigentes da Sorocabana e da Fepasa*, 1983).

21 Francisco Paes Leme de Monlevade prestou seus serviços à Companhia Paulista durante mais de trinta anos. De chefe de locomoção passou a inspetor geral em 1907, e a primeira greve geral do estado de São Paulo (1906) iniciou-se na Paulista, em torno de seu desentendimento com o pessoal das oficinas de Jundiaí, que passou a exigir a sua demissão. Segundo consta, orientou-se sempre pelos seus métodos "enérgicos, racionalistas e deterministas, conforme prescreve o positivismo", tendo introduzido a eletrificação na Paulista, em 1919 (cf. *Dirigentes da Sorocabana e da Fepasa*, 1983, p.30-1).

[...] resolvendo com acerto e justiça, decorrentes de sua larga visão, servida pela mais brilhante e longa experiência de administração ferroviária, as múltiplas questões de caráter pessoal, levantadas por elementos perturbadores, muitos dos quais afastados da Estrada por faltas graves e imperdoáveis, que procuraram tirar partido da atmosfera criada após a vitória revolucionária.(Estrada de Ferro Sorocabana, 1931)

Quando Gaspar Ricardo assumiu seu posto, em abril de 1931, relatou que teve apenas o trabalho de

[...] consolidar a ordem e a disciplina que sempre reinaram na Sorocabana, tendo tido a satisfação de ver restabelecida a atitude de discreto respeito, mesmo por parte daqueles maus elementos que talvez arrependidos de seu proceder já haviam percebido que o governo ia agir com justiça e dentro da ordem. (ibidem)

Nesse período, a empresa colocou em prática uma importante estratégia de controle e disciplina: a centralização dos serviços de registro e de admissão e acompanhamento da vida funcional de seu pessoal.

Em 1930, foi criada a repartição de pessoal, que centralizou os serviços de registro de todos os funcionários, antes dispersos nas divisões da Estrada, os quais "[...] orientados por uma só diretoria proporcionassem uma folha corrida que representasse verdadeiramente com todas as minúcias, a vida pública do empregado" (Estrada de Ferro Sorocabana, 1930).

A necessidade de criação dessa repartição foi claramente vinculada à necessidade de resolução dos problemas sociais causados pelos trabalhadores:

A complexidade das questões a que tem dado e continuam a dar origem o problema social das Estradas de Ferro, é que exige criar-se a Repartição Central de Pessoal. É um meio prático e eficaz de acompanharem os Diretores de Empresas as tendências sociais do pessoal nelas empregados e acudir oportunamente, com medidas ou soluções prontas, às necessidades, reivindicações, exigências que não faltam, principalmente quando as massas se deixam arrastar pela demagogia fácil, pseudo idealista de credos novos. (Parente, 1935)

Para acabar com essas necessidades e reivindicações dos trabalhadores, os administradores deveriam possibilitar a elevação do nível moral dos funcionários por meio de reuniões instrutivas e de recreio, boas leituras etc. (ibidem).

A repartição de pessoal, mantendo um registro de todos os procedimentos do ferroviário em sua vida profissional, pôde exercer o papel de informadora, fiscalizadora e controladora do pessoal ferroviário para a administração da empresa (Ata de reunião..., 24.9.1935).

Segundo a diretoria, essa medida, além de atender às necessidades da caixa de aposentadoria e pensões, preenchera também outros interesses, quais sejam: evitar a entrada de empregados já demitidos por falta em outras divisões, mesmo em outras estradas; fazer que todas as admissões, promoções ou criação de turmas passassem pela aprovação da diretoria etc.

Tal medida permitiu, ainda, um controle maior sobre a vida do empregado, possibilitando, inclusive, que as suspensões, censuras e multas fossem mais eficazmente utilizadas como forma de controle, por meio da criação de um regime de férias que começou a vigorar a partir de janeiro de 1932.

Nesse regime, não teriam direito às férias os funcionários que, no exercício anterior ao requerimento,

a) tenham sido suspensos, ou multados, por cinco dias consecutivos ou mais;

b) tenham faltado ao serviço, por seis dias ou mais, consecutivos ou não, com ou sem vencimentos;

c) tenham obtido quinze dias ou mais de licença remunerada, ou não. (*O Apito*, 15.1.1932, p.5)

Os dias de licença deveriam ser adicionados aos dias de faltas, e, se a soma de ambos fosse de quinze dias ou mais, o funcionário perderia o direito a férias. Esse regulamento de férias, aclamado nos relatórios como um dos grandes feitos de Gaspar Ricardo, "antes mesmo de ter sido instituída pelo governo qualquer legislação a respeito", completava o seu "benefício" apresentando as seguintes normas: a inadmissão de acumulação de férias e um critério de substituição de funcionários em férias, que não ocasionasse um aumento nas despesas. Assim, decidia-se que "os substitutos, durante a ausência dos substituídos em gozo de férias, serão obrigados a desempenhar as funções daqueles, embora trabalhando em horas extra ordinárias, se for preciso, sem qualquer remuneração" (Estrada de Ferro Sorocabana, 1932).

Em 1933, foi derrogado esse regulamento de férias, estabelecido pela diretoria da Estrada como um "prêmio" aos empregados que preenchessem, durante um ano, as condições de assiduidade no trabalho, de disciplina e de dedicação ao serviço, previsto no regulamento. Foi substituído pelo decreto do governo federal que estabeleceu a obrigatoriedade de férias a todo o pessoal que contasse com doze meses de serviço, sem interrupção.

Durante o breve período em que esses regulamentos vigoravam, a empresa, no entanto, esclarece que viu plenamente atingidos seus objetivos:

> As multas em 1932 caíram espantosamente. As suspensões, as licenças e as faltas diminuíram sensivelmente. Benefícios evidentes da regulamentação de férias, que teve o condão de atuar no próprio moral dos empregados. E a Estrada conseguiu, com rara felicidade, conceder férias ao seu pessoal, sem aumento de despesa e pondo em prática, sem alarde e com visível satisfação do pessoal, essa alta medida de finalidade moral, que é também uma das verdadeiras conquistas de eugenia. (ibidem)

No Quadro 2, podemos observar que essa medida disciplinadora, ao deixar de existir, permitiu que as insubordinações e o descontentamento dos ferroviários se manifestassem novamente:

ANO	2ª DIVISÃO	3ª DIVISÃO	4ª DIVISÃO
1931	1.254	432	1.684
1932	878	255	841
1933	1.678	365	1.082

Quadro 2 – Número de censura, multas e suspensões
Cálculos baseados em dados que constam dos relatórios anuais da Sorocabana – anos 1931/1932/1933.

112 MARIA DE FÁTIMA SALUM MOREIRA

Percebe-se que, no mesmo tempo em que Gaspar Ricardo buscou medidas para controlar e disciplinar os funcionários da empresa, continuou impondo uma redução de pessoal, com simultânea intensificação do processo de trabalho, contando com o aval da Secretaria de Viação e Obras Públicas.

Em resposta a uma de suas propostas administrativas a essa Secretaria, recebeu a seguinte comunicação:

> De acordo. Deve reiterar a circular e adiantar que, enquanto perdurar a situação de crise aflitiva, não haverá admissão de pessoal novo, nem substituições, nem promoções. Quando houver vagas ou qualquer necessidade de serviço, far-se-á o reajustamento no quadro, aproveitando-se o pessoal de uma Divisão para outra ou na própria Divisão, com transferência de atribuições. Devemos reduzir as despesas ao mínimo possível [...]. (Carta circular nº 3/327, 1º.12.1932)

Em relação às reivindicações dos ferroviários, Gaspar Ricardo assumiu uma atitude enérgica e radical, negando-se, inclusive, a receber intermediários "respeitáveis":

> Sendo freqüente o hábito de alguns funcionários solicitarem a intervenção de pessoas estranhas à Estrada respeitáveis pela sua posição, tentando obter desta diretoria, promoções e melhorias de vencimentos, faço sentir a todos os meus auxiliares a má impressão que me causa tal procedimento. Nada impede que os funcionários peçam diretamente a seus chefes o que lhes parecer justo, a boa disciplina manda mesmo que assim procedam. (Carta circular nº 386, 29.12.1931)

As relações conflituosas entre a empresa e os ferroviários, agudizadas pela intransigência de seu administrador, são tornadas públicas quando o Sindicato dos Ferroviários da Sorocabana se desentendeu com a direção da Estrada e acabou apontando publicamente os conflitos e insatisfações da classe ferroviária por meio da greve de 1934.

Fundado em 26 de dezembro de 1932, o Sindicato dos Ferroviários da Sorocabana foi instituído nos moldes previstos pelo Decreto nº 19.770, de 19 de março de 1931, e, de início, obteve o apoio e diversas concessões da empresa:

Em princípio de março de 1933, fomos procurados por alguns funcionários da Estrada que de acordo com o Decreto n° 19.770, de 19 de março de 1931, tinham resolvido sindicalizar-se e, nesse sentido, já haviam providenciado o reconhecimento da Associação junto aos poderes competentes. Solicitaram-nos e obtiveram de nossa administração diversas concessões, como fossem, o desconto em folhas das mensalidades devidas, concessão de passes e trens especiais etc., mesmo antes do seu reconhecimento legal e da lei estadual, regulando estes descontos [...]. (Estrada de Ferro Sorocabana, 1933, p.LII)

Os conflitos nas relações entre ferroviários e administração da Estrada não puderam, porém, ser "mascarados" por muito tempo, especialmente no que tange às questões que haviam sido os principais fatores de críticas, pelos patrões, à lei sindical na época de sua implementação. Essas críticas dirigiram-se ao papel de fiscalizador das condições de trabalho atribuído ao sindicato e à proibição de dispensa dos operários, por motivo de sindicalização, que no caso da Sorocabana se traduzia em perseguição aos sindicalizados mais combativos.[22]

Tão logo a direção do sindicado "ousou" quebrar a suposta harmonia e colaboração que deveria haver no entendimento entre as classes, ficou evidente que a "paz tão desejada" não poderia ser alcançada se a categoria ferroviária realizasse um confronto direto com a empresa na luta em relação a suas condições de trabalho e remuneração. Voltando atrás em sua aceitação inicial do sindicato, a direção da Sorocabana evoca Gonzáles Blanco para repudiá-lo:

Los sindicatos y las bolsas del trabajo han sido el lazo de unión verdaderamente práctico entre los batallones de socialistas y las hordas de anar-

---

22 Segundo Silva (1983, p.92) as críticas da burguesia à Lei Sindical, elaboradas por uma comissão nomeada pelo presidente do CIB, são principalmente as seguintes: "o parecer desta comissão centraliza suas críticas nos artigos 1°, 8°, 13°. 18° e 20°, destacando entre estes, os artigos 1° (alínea A) que dispõem sobre o quórum para a constituição dos sindicatos patronais e/ou proletários; o artigo 8°, que atribui aos sindicatos poderes de fiscalização das condições de trabalho e/ou burla na aplicação das leis e o artigo 13°, que proíbe a dispensa dos operários por motivo de filiação aos Sindicatos da categoria".

114   MARIA DE FÁTIMA SALUM MOREIRA

quistas, y, si es curioso ver los primeros volver espontaneámente a un dogma cuya eficacia negra, ante sus jefes, y cuyas consecuencias activas anulaban fatalmente los proyetos del colectivismo centralizador, no lo es menos ver a los segundos ingressando en essas mismas corporaciones, que, gracias a sus helgas, realizan la guerra social. (in Estrada de Ferro Sorocabana, 1933, p.LVI-LVII)

Os ferroviários, por sua vez, denunciam a intransigência da empresa nas tentativas de negociações do sindicato.

> [...] receosa de que o incessante crescimento das forças da nossa organiza-ção concorressem para minorar-lhe o arbítrio administrativo, começou a sua "aversão ao Sindicato" [...] primeiro, através de uma capa de "mora-lidade administrativa", a direção da Estrada aproveitou-se dos mais fúteis pretextos para descarregar a sua prevenção contra companheiros nossos, fazendo-os passar pelo vexame de processos irrisórios, onde a malevolência da acusação só encontrava parelha na inanidade das provas colhidas e no deliberado cerceamento de defesa [...] tentou desmoralizar o Sindicato, através de um processo administrativo contra Itauiti Magalhães, Vice-Presidente do Sindicato, acusado de conivência na fuga de um ladrão e da distribuição de boletins comunistas e anarquistas. Quanto à primeira acusação, ficou apurada a sua improcedência e quanto à segunda, a Co-missão de Inquérito nomeada pela diretoria, nada conseguiu provar.[23]

Tendo aceitado a delimitação de seu espaço na luta pública, segundo os critérios oficiais, os ferroviários da Sorocabana haviam iniciado a reivindicação por melhor remuneração, por melhores condições de trabalho, pela aplicação das leis sociais e também pela defesa de seus companheiros sujeitos à perseguição e à arbitrariedade dos chefes de serviço. O encaminhamento dessa luta acirrou uma grande polêmica, que teve seu desfecho no movimento grevista, o qual havia sido pre-visto para ocorrer juntamente com uma greve geral dos ferroviários do Estado de São Paulo.

---

23   De acordo com a representação do sindicato, de 18 de janeiro de 1934, enviada ao interventor de São Paulo (*Diário de São Paulo*, 24.1.1934).

Há alguns dias já que corria a notícia de que ontem deveria estalar uma greve geral dos ferroviários, promovida por elementos sindicais [...] algumas diligências foram tomadas pela polícia na sede dos sindicatos ferroviários, como, por exemplo, o Sindicato dos Ferroviários da Sorocabana, à Rua General Osório. Ao mesmo tempo foram ocupadas as estações da São Paulo Railway e Sorocabana, enquanto outros reforços policiais eram enviados para o interior do Estado, sede das delegacias regionais e focos de greve. (*Diário de São Paulo*, 20.1.1934, p.8)

Quanto às razões da greve, o jornal esclareceu:

[...] ao que se apurou, o movimento objetivou várias reivindicações como sejam: 8 horas de trabalho, salário mínimo, lei de férias, reforma da lei de Aposentadoria e Pensões, reforma da Lei de Acidentes etc., debatidas no Congresso Ferroviário realizado nesta capital no ano próximo passado e que até agora não mereceram solução do governo. No referido Congresso tomaram parte representantes dos Sindicatos Ferroviários de todo o país, organizações reconhecidas pelo Ministério do Trabalho, que levaram as conclusões a que chegaram no Congresso, ao referido Ministério. (ibidem)

Reprimida de imediato, por um forte aparato policial, a greve acabou sendo encaminhada apenas pela Paulista e pela Sorocabana, e esta última assumiu uma luta que contou também com reivindicações específicas de seus ferroviários à administração da empresa.

Com o agravamento da situação, o diretor da Estrada tentara recorrer ao governo federal e ao governo do estado, providências estas que, segundo ele, não foram tomadas a tempo "[...] apesar da atitude cada vez mais inconveniente do Sindicato, que caminhava francamente para a violenta greve [...] irrompida finalmente em janeiro de 1934" (Estrada de Ferro Sorocabana, 1933).

O chefe de polícia anotou em seu relatório:

Em janeiro declarou-se uma greve de ferroviários, foi mais um movimento subversivo do que propriamente uma greve. Os grevistas não cuidaram expor as suas pretensões, para, depois de atendidos, abandonarem o trabalho. Antes, conceberam desde logo, um plano tenebroso

116 MARIA DE FÁTIMA SALUM MOREIRA

de depredação violenta. A polícia, porém, pelo Dr. Delegado de Ordem Social, conseguiu descobrir os intentos e ao romper a greve, aparou-lhes o golpe. (Estrada de Ferro Sorocabana, 1933)

Realmente, os ferroviários sofreram uma repressão imediata e violenta da polícia, que a cada dia de greve que se passava efetuava um número de prisões cada vez maior, com a ameaça de enviar os prisioneiros para a Ilha dos Porcos.[24]

Também é fato que os ferroviários haviam desistido de apresentar suas reivindicações finais ao diretor da ferrovia: preferiram enviar suas reivindicações diretamente ao interventor do estado, expondo-lhe a impossibilidade de negociar com a administração, conforme cientificaram em ofício ao administrador Gaspar Ricardo:

> Em aditamento às declarações verbais que tive oportunidade de fazer no dia 11 do corrente na presença de V. Exa., a nova diretoria desse Sindicato, em obediência ao programa de ação imposto pela Assembléia Geral que lhe deu posse em 7 do corrente, faz ver a essa diretoria que o recente manifesto dos ferroviários da Sorocabana, longe de ser uma manifestação de espírito subversivo, como aprouve a V. Sa. qualificar, não é mais que uma conseqüência direta da quebra das relações normais entre este Sindicato e esta Diretoria. A nova, como a antiga direção do Sindicato da Sorocabana, não seria depositária da confiança de 7.800 ferroviários, se deixasse desamparada as justas reivindicações da classe, dentro dos estritos limites da lei como seria o caso, se deixasse sem prosseguimento o movimento reivindicativo só pela circunstância lastimável, sem dúvida, de ter esta direção fechado os ouvidos aos justos reclamos da corporação dos ferroviários da Sorocabana. Sem necessidade de repisar os fatos de nossa representação anterior, basta atentar que ficaram sem resposta os ofícios deste Sindicato de 23/10/33, de 04 e 30 de setembro e 01 e 06 de dezembro de 1933, os quais tratavam de urgentes reclamações da corporação [...]. Se constam entre os diversos itens que constituem o referido manifesto alguns itens que pleiteamos e dos quais vossa excelência não foi cientificado, cumpre-nos informar-vos

---

24   A greve dos ferroviários iniciou-se no dia 19 de janeiro, prolongando-se até o dia 24 desse mês. O jornal *Diário de São Paulo* apresentou, diariamente, notícias sobre o movimento, as reivindicações dos grevistas, as negociações e a ação da polícia.

que foi deliberado não se vos dar conhecimento até o possível reatamento das relações que se cingem unicamente no reconhecimento por parte de vossa excelência das atitudes que de direito este Sindicato tem assumido. (*Diário de São Paulo*, 21.1.1934, p.12)

A "gota d'água" para o rompimento das relações do sindicato com a empresa foi a declaração de greve, ocorrida em torno de uma defesa que o sindicato estava fazendo do conferente Miguel Belarmino de Mendonça, vítima de perseguição do inspetor de tráfego de Assis.

Neste caso a ação da diretoria da Estrada caracterizou-se por uma prodigiosa duplicidade. Ao mesmo tempo que instigava o inspetor do trabalho a praticar contra o nosso companheiro as mais evidentes ilegalidades (rebaixamento, maior horário de trabalho, falsas alegações sobre a sua capacidade profissional, desrespeito flagrante à letra expressa dos decretos 19.700 e 20.465, pois coagia o nosso companheiro a entrar nos serviços para o qual fora ilegalmente escalado, no prazo de 48 horas, sob pena de incorrer em falta de abandono de emprego) quando este sindicato evocou a si a defesa dos direitos daquele sindicalizado para averiguar a legitimidade da punição infringida ao Conferente Mendonça pelo Inspetor de Tráfego, protestou a direção a sua inalterável imparcialidade e as suas normas de justiça [...]. (*Diário de São Paulo*, 24.1934, p.4)[25]

A direção da empresa recusou-se sistematicamente a aceitar as críticas e denúncias do sindicato, negando-lhe representatividade, inclusive, por outras reivindicações anteriormente feitas: sobre as reclamações dos pintores de Sorocaba; sobre os motoristas de serviços rodoviários; sobre as reivindicações do pessoal das oficinas de Sorocaba; sobre a situação dos porteiros da Barra Funda; sobre a readmissão de portadores da Barra Funda, absolvidos por sentença do juiz da 3ª Vara Criminal; requerimento de folhas corridas de diversos sindicalizados; requerimentos verbais de assistência por parte do sindicato, em diversos processos administrativos contra sindicalizados, além de muitas outras reivindicações (*Diário de São Paulo*, 24.1934, p.4).

---

25 Conforme declaração do presidente do sindicato ao jornal.

Foi, portanto, basicamente a partir de questões referentes às condições de trabalho a que se encontravam submetidos os trabalhadores ferroviários e dos atritos e insubordinações daí decorrentes que se acirrou o conflito entre a empresa e o sindicato. Isso denota que, no início da década de 1930, a insatisfação e insubordinação dos trabalhadores, por suas condições de trabalho, haviam tomado grandes proporções, chegando a atingir os contornos de uma luta pública, assumida pelo sindicato.

Apesar do acirramento desse embate, é necessário observar que a categoria ferroviária não se apresentava como um bloco homogêneo quanto às formas e às percepções dos significados que essa luta assumia. Nas entrevistas e memórias escritas recolhidas, foi possível perceber as peculiaridades e divergências existentes no interior da categoria, em relação aos vários momentos de luta por que passou.

No caso da greve de 1934, existem desde depoimentos daqueles ferroviários que disseram não ter aderido à greve porque "não podia entrar em greve contra o 'homem' pois ele havia terminado de me conceder uma remoção que eu necessitava" (Vitório Camparin, em entrevista), até os que disseram que a greve havia sido apenas por "ambição", isto é, por aumento de salários.[26] Essa diversidade de entendimento e de posições também aparece no depoimento de um ferroviário, Massilon Bueno, ligado ao Partido Comunista, que se posicionou contra a greve, dizendo que ela "havia sido forjada nos gabinetes ministeriais", onde se encontrava o deputado classista Armando Laydner, e tinha a finalidade de depor o diretor da Estrada de Ferro Sorocabana. Esse ferroviário atribui a Gaspar Ricardo grandes méritos de inteligência e capacidade para empreender grandes obras, como a Estrada Mayrinky-Santos, que, segundo entendia, fazia concorrência à "inglesa", que também estava empenhada em afastar do cargo esse "audacioso companheiro que cansara de enfrentá-la".[27]

A revolta dos trabalhadores da Sorocabana diante da administração de Gaspar Ricardo é expressa por meio da carta que lhe é dirigida pelo Comitê de Greve de Sorocaba, exigindo sua demissão:

---

26   Antônio Santiago Gomes, mestre de linha, admitido em 1930.
27   Massilon Bueno foi admitido, em 1926, chefe de estação.

Sr. Gaspar Ricardo Júnior, os operários de Sorocaba em greve, solidários com todos os companheiros da Sorocabana revoltados contra a atuação sempre desenvolvida por esta administração contra os interesses dos ferroviários, por solene unanimidade, convida-vos a vos retirardes da direção desta Estrada, cujo proletariado acaba de levantar o mais expressivo dos protestos contra o espírito reacionário e inoportuno de Vossa Excelência. O proletariado da Sorocabana denuncia-vos ao povo e ao governo como único responsável pelos acontecimentos que se desenrolarem. Se considerardes, pelo menos por este momento, a realidade dos fatos, resta somente vos afastardes, pela felicidade dos trabalhadores da Sorocabana. Comitê de Greve de Sorocaba.[28]

É interessante notar que a resolução pela greve também contou com outros fatores determinantes, explicitados em uma ampla lista de reivindicações, em que foram apontadas não só as demandas mais gerais do proletariado urbano, naquele momento, como também os anseios mais específicos relativos às condições de trabalho e de vida dos ferroviários.[29]

Os chamados "trinta itens da reivindicação" foram os seguintes:

1. Aumento de salário proporcional:
   vencimentos até 200$ 30%
   vencimentos de 201$ a 300$ 25%
   vencimentos de 301$ a 400$ 20%
   vencimentos de 401$ a 500$ 15%
   vencimentos de 501$ a 600$ 10%
2. Cumprimento do decreto 19.770 no que se refere ao reconhecimento do Sindicato pela Estrada à base de um acordo firmado entre as partes.
3. Descontos, em folhas de pagamento, de mensalidades, além do Sindicato, da Cooperativa e demais contribuições devidamente autorizadas pelos ferroviários, com prestação de contas até o dia 10 do mês subseqüente.

---

28 Conforme cópia encaminhada a todos os jornais de telegrama enviado pelos grevistas de Sorocaba ao diretor da empresa (*Diário de São Paulo*, 23.1.1934, p.4).

29 Ofício do interventor federal de 19 de janeiro de 1934, onde constam as trinta reivindicações dos grevistas (*Diário de São Paulo*, 23.1.1934, p.12).

120 MARIA DE FÁTIMA SALUM MOREIRA

4. Férias.

5. Regulamentação do horário de cada categoria, obedecendo ao critério de 8 horas, critério este adotado nos escritórios e nas oficinas.

6. Abolição completa do trabalho à empreiteira na vida permanente, dentro das oficinas e demais dependências.

7. Salário mínimo.

8. Construção de casas para os operários de acordo com o que dispõe os artigos 43 e 44, previstos no Regulamento da Política e Tráfego das Estradas de Ferro.

9. Pagamento com 50% de aumento para todo trabalho extra noturno.

10. Estabelecimento de horário para o pessoal da via permanente sem prejuízo das horas que gastaram da residência ao local de trabalho.

11. Suspensões nunca superiores a 3 dias; que além deste prazo, seja instaurado inquérito administrativo acompanhado pelo sindicato.

12. Descanso dominical, com exceção do pessoal de Tráfego e Transportes, para os quais devem ser estabelecidas e respeitadas suas folgas correspondentes aos domingos.

13. Solução de todos os casos já pleiteados – e não solucionados – entre outros, os dos cabineiros e pintores e ainda o relativo à Cooperativa.

14. Pagamento integral das oito horas ao pessoal de todas as categorias quando de prontidão dentro ou fora de sua sede.

15. Máximo de 208 horas de trabalho mensal, sem rebaixamento de salário por hora ou por meios.

16. Trabalho excedente a 208 horas mensais será considerado extraordinário e pago com aumento de 50%.

17. Extensão a todas as categorias do direito à diária, quando no pernoite fora da sede.

18. Só se poderá entender dia de folga quando começado dentro da sede e não antes de atingi-la.

19. Aposentadoria compulsória e processada rapidamente para todas as categorias, a fim de que não seja prejudicado o direito ao acesso e seja este obrigatório dentro da mesma categoria, não sendo permitida supressão de vagas.

20. Criação de quadros efetivos para os guarda-fios, pessoal de máquinas, truqueiros, portadores e trabalhadores de turmas.

21. Efetivação de guarda-freios com ordenado mensal de 220$ e com direito a acesso regular ao cargo de chefe de 3ª classe.

FERROVIÁRIOS, TRABALHO E PODER **121**

22. Criação de duas categorias de guarda-freios, conforme seriam – em trens de carga e passageiros, ficando os que servem os trens mistos, classificados como bagageiros.
23. Os guarda-freios que eventualmente substituírem chefes de trens, ganharão os vencimentos até regressarem à sua sede.
24. Agasalho e conforto para o pessoal de trem em geral, assegurando-lhes as condições de higiene nos postos de pernoite e viagem, devendo todos os trens conduzir um carro "caboose" para o chefe, que assim estará abrigado para fazer a escrituração.
25. Escolha pelo chefe de trem de seus auxiliares, uma vez que eles são os responsáveis pela guarda de transportes e valores.
26. Não devem ser computadas nas férias as folgas semanais e sempre devem ser considerados na contagem dela o critério de 8 horas.
27. Extensão ao pessoal de trem do direito de ser apontada uma hora antes e uma depois da chegada de qualquer trem.
28. A admissão em qualquer quadro de empregados não deve prejudicar de modo algum os direitos adquiridos dos trabalhadores, tal como acontece atualmente nas oficinas de Sorocaba.
29. Fornecimento gratuito de fardamento e boné.
30. Retorno do companheiro Armando Laydner, da Caixa de Aposentadoria e Pensões, para o seu antigo lugar na "IV Divisão", do qual foi inteiramente afastado.

Apesar da firme disposição dos grevistas em se manterem em greve até a realização de um desfecho favorável para suas reivindicações, para o que contavam com a sensibilização diante de seus propósitos do interventor Armando de Salles Oliveira, tiveram de voltar ao trabalho em razão do encaminhamento dado pelo governo às negociações.

Em primeiro lugar, o governo recusou-se a negociar e dar as garantias requeridas a uma comissão credenciada pelos grevistas, alegando que

[...] deu-se uma subversão na ordem das cosias: ao invés dos ferroviários pleitearem primeiramente as suas reivindicações, antes de entrar em greve, primeiro articularam e coordenaram a greve para só depois se dirigirem ao governo do estado [...] Essa forma anômala faz sentir que não passam de pretextos dados agora como causa da atitude assumida e que razões estranhas aos interesses dos ferroviários teriam determinado este movimento.[30]

Essa mesma opinião é compartilhada pelo deputado classista Armando Laydner, ex-presidente do Sindicato dos Ferroviários da Sorocabana, eleito para a Assembléia Constituinte, que, ao eclodir o movimento, dirige-se imediatamente da capital federal para São Paulo, buscando inicialmente evitar a greve e, depois, passando a intermediar as relações entre os grevistas e o governo.

A posição do deputado em relação ao movimento dos ferroviários pode ser percebida por suas declarações em entrevista ao jornal *Diário de São Paulo* (20.1.1934, p.8):

> [...] ontem pela manhã fui surpreendido pelo desfecho dos acontecimentos que, segundo meu ponto de vista, desde o início da organização dos ferroviários de São Paulo não correspondem às legítimas aspirações da classe [...] a precipitação de um movimento grevista, ante o conhecimento da minha partida da capital da República, quando já eram conhecidos os meus propósitos de evitá-lo. Entretanto, tomando as providências que a mim cabe como representante da classe, coloquei-me incontinenti ao lado dos interesses de meus companheiros, especialmente aos da Sorocabana em cujo meio maiores facilidades encontram os exploradores, que aproveitaram antigos e conhecidos ressentimentos entre os operários respectivos e a administração, ao lado daqueles estou empregando, junto ao governo do Estado, todos os esforços no sentido conciliatório de evitar conseqüências maiores à organização dos ferroviários, reivindicando para mim, o direito de, em breve, denunciar aos operários de minha terra onde se encontram os exploradores dos operários, em momentos como o que presenciamos.

A partir da ação violenta da polícia, que passou a vasculhar com baionetas as residências dos maquinistas e foguistas, obrigando-os com

---

30 Carta-resposta do interventor federal, assinada pelo secretário da interventoria, Sr. Márcio Munhoz (*Diário de São Paulo*, 21.1.1934, p.8).

ameaças a trabalhar, além do número crescente de prisões, o deputado Laydner resolveu "aderir" à greve, declarando-se solidário com os companheiros e disposto a fazer parte de um comitê central, que teria como objetivo a solução mais rápida possível do impasse.

Dessa forma, deslocaram-se os objetivos da luta e das reivindicações dos ferroviários para a questão da situação de seus companheiros presos e submetidos à ameaça de serem enviados para a Ilha dos Porcos. Pela mediação do deputado, aceitou-se finalmente a volta ao trabalho em troca da soltura dos presos e da promessa de estudos posteriores de suas reivindicações pelo governo.

Os ferroviários, durante todo o ano de 1934, continuaram pleitean-do esses pontos junto à empresa ferroviária de forma direta, por meio de petições e memoriais coletivos dirigidos às divisões ou à diretoria (cf. Circular da diretoria n° 140/10, 11.12.1934), apesar das ameaças e proibições da administração:

> Sabendo que vários empregados desta Estrada percorrem as linhas com o fito de angariar assinaturas em manifesto contrário a esta admi-nistração, permanecendo assim vestígios de indisciplina e da desordem provocadas por alguns maus elementos desta Empresa – resolvo proibir tais manifestações, cujos promotores e agentes serão devidamente proces-sados pela polícia, a fim de se lhe aplicarem as devidas penalidades admi-nistrativas, como, aliás, já o estão sendo os responsáveis pelos lamentáveis acontecimentos ocorridos em janeiro último.
>
> Outrossim, solicito de todos os companheiros que por uma natural repulsa estejam promovendo manifestações opostas àquelas, que se abstenham desses movimentos, demonstrando o seu espírito de ordem, harmonia e cooperação aos serviços da Estrada, cujo bom nome precisa-mos elevar sempre mais alto. (Estrada de Ferro Sorocabana, Circular n° 109/61-11, 14.1.1934)

Diante dessa situação, o sindicato e a empresa passaram a buscar uma conciliação entre si, que foi firmada por meio de um convênio assinado em 21 de maio de 1934.

Esse convênio regulava as suas relações, instituindo "cláusulas asseguratórias dos princípios da ordem e da disciplina, bem assim normas simples e claras, que vêm sendo cumpridas inteiramente por ambas as partes" (Estrada de Ferro Sorocabana, 1934).

As formas com que foram sendo asseguradas as bases desse acordo provavelmente não ficaram registradas embora se tenha deixado "escapar", por meio de uma circular do Sindicato dos Ferroviários, uma das imposições da empresa. Nessa circular, é cientificado ao diretor da Sorocabana o cumprimento de um dos itens do acordo, que era a exoneração e substituição dos delegados sindicais de Santos, Piracicaba, Sorocaba, Itapetininga, Botucatu e Assis (Estrada de Ferro Sorocabana, Circular nº 109/61, 13.8,1934).

Na ocasião em que foi firmado o acordo entre a empresa e o sindicato, assinou-se uma ata em que constavam os "trinta itens da reivindicação" apresentados ao governo do estado, na qual ficaram respondidos todos os itens em causa e quais as concessões que tinham sido feitas. Faziam parte dessas concessões: revisão do quadro do pessoal pior remunerado, vencimentos mínimos, prosseguimento na construção de casa para o pessoal operário, regime de 200 horas para o pessoal de carreira e mais cinco dias de folgas mensais, elevação da diária de 4$000 para 6$000, "cabooses" para os chefes de trens de carga, fornecimento gratuito de uniformes a cada ano. Asseguraram-se ainda o cumprimento da lei de férias e a realização de estudos para reajustamento de todo o pessoal da Estrada (Estrada de Ferro Sorocabana, 1934).

Gaspar Ricardo atendeu a essas reivindicações dos ferroviários antes de deixar definitivamente o cargo de direção da Estrada, em 9 de março de 1934, acolhendo ao convite do governo para prestar serviços na Secretaria de Viação e Obras Públicas. Note-se que, não obstante a oposição inicial que havia sido feita ao governo revolucionário, logo são incorporadas aos quadros do governo várias personalidades que defendiam a racionalização.

Antonio Prudente de Morais, sucessor de Gaspar Ricardo, foi quem iniciou a política de conciliação com o sindicato, que, em 1937, recolocou em sua presidência o ex-deputado classista Armando Laydner. Assim, a adequação prática do sindicalismo oficial aos moldes corporativos implementou-se definitivamente, na Sorocabana, ao longo desse processo em que foi redefinida, em termos concretos, a nova correlação de forças entre os trabalhadores, a empresa e o estado.[31]

Em 1940, o Sindicato da Estrada de Ferro Sorocabana, depois de ter funcionado durante sete anos, foi fechado pelo decreto-lei presidencial, que, ao sancionar a Consolidação das Leis do Trabalho (CLT), excluiu da lei as categorias pertencentes às autarquias federais e estaduais, servidores estaduais, federais ou trabalhadores pertencentes à sociedade de economia mista, em que a União, poder estatal ou municipal participassem com 51% das ações.

O Sindicato da Estrada de Ferro Sorocabana, considerado um dos maiores da América Latina, repassou seu patrimônio, composto por grandes sedes nas principais cidades do interior, à Cooperativa de Consumo dos Ferroviários da Sorocabana e encerrou suas atividades numa grande assembléia de 18 de novembro de 1940, na qual os ferroviários e seus líderes, num clima de nervosismo e emoção, prometiam em seus discursos: "podem fechar nosso Sindicato, podem impedir que tenhamos organização, mas jamais calarão nossas vozes [...] A chama da liberdade continuará em nossos corações e um dia a categoria reconquistará seu direito de organizar-se" (Santos, 1987, p.21).

O empenho dos ferroviários da Sorocabana em prol de sua organização e luta levou ao surgimento, cinco anos depois, da Associação Profissional dos Empregados da Sorocabana, que reiniciou a luta organizada por aumento de salários, classificação de carreiras, abono de Natal, implementação da semana inglesa, direito ao funeral para o pessoal da oficina e outras reivindicações.

A semana inglesa – trabalho por cinco dias e meio, com um dia e meio de folga semanal – foi conquistada pelos ferroviários em 1946.

---

31   Note-se, contudo, a advertência de setores políticos do operariado paulista, que perceberam os mecanismos de poder e controle que se instalavam com a Lei de Sindicalização. No jornal *A Plebe* (2.3.1935), em artigo intitulado "Aos Ferroviários", é feito um apelo aos ferroviários para que não se submetessem aos "sindicatos fascistas do Ministério do Trabalho". Criticam as leis sociais "onde só foram ouvidos os interesses da burguesia". Afirmam que as reivindicações feitas ao Ministério do Trabalho, "seguindo as determinações da Lei, não foram ouvidas", e que quando "apelaram para a greve foram severamente punidos".

126 MARIA DE FÁTIMA SALUM MOREIRA

Quando, nesse mesmo ano, os ferroviários "cruzaram os braços" diante do não-atendimento de suas reivindicações de aumento salarial, sofreram uma imediata repressão policial, com a invasão das casas dos líderes mais combativos e a prisão de dois deles, entre os quais, o presidente da Associação (ibidem, p.23).

Ao serem soltos, 18 dias depois, esses líderes, mesmo com as autoridades exigindo que colaborassem para o retorno dos grevistas ao trabalho, continuaram incentivando o movimento até a vitória final, com a concessão do aumento de $3.000 mil réis aos ferroviários.

Em 1947, a classe entrou novamente em greve por aumento salarial, e, em 1948, reagindo ao avanço da organização e movimento dos ferroviários, Ademar de Barros dispensou 48 dos ferroviários mais combativos, aplicando a lei dos servidores públicos, classificando-os de incitadores da greve e, muitos deles, por reunirem em suas folhas de serviço trinta faltas consecutivas ou sessenta intercaladas. Além disso, fechou a Associação Profissional dos Empregados da Sorocabana e apreendeu todo o seu patrimônio.

Desde o fechamento do sindicato, em 1940, e da grande repressão imposta ao movimento dos ferroviários, são perceptíveis a formação e o incremento de vários meios já existentes de assegurar a solidariedade e integração da classe, além da criação da Associação Profissional dos Empregados da Sorocabana em 1945.

A construção dessas formas alternativas de organização e união dos ferroviários pode ser verificada por meio de depoimentos e memórias que registram a prática social da categoria, nesse período, em Assis, a qual percebemos ter sido extensiva a toda a população ferroviária, reunida nas principais cidades servidas pela Estrada de Ferro Sorocabana.

Em 1945, os ferroviários de Assis organizaram uma equipe comunitária que tinha como embrião o pessoal do sindicato, fechado por decreto do Estado Novo, e fundaram a Associação Humanitária dos Ferroviários, que objetivava socorrer os companheiros doentes e prestar auxílio nos funerais. Atuaram também na cooperativa e no incremento da Banda Ferroviária, que chegou a contar com mais de vinte músicos. O Esporte A. A. Ferroviária foi impulsionado, e sua sede recebeu vários melhoramentos, como alambrados, portões, arquibancadas etc.; além disso, criou-se um programa de rádio, "genuinamente ferroviário", que lotava o auditório da Rádio Difusora de Assis com a família ferroviária (Bueno).

No início de 1951, iniciou-se na cidade de Botucatu a luta pela criação oficial de uma entidade de classe dos ferroviários. Segundo o depoimento de Guarino Fernandes dos Santos, o "estopim" que proporcionou a reorganização e integração dos ferroviários em uma entidade de classe foram as arbitrariedades e o excessivo rigor do chefe da III Divisão, que compreendia os trechos de Iperó a Ourinhos, com sede em Botucatu. Segundo aponta esse relato, o engenheiro Chafic Jacob "[...] comandava a 3ª Divisão na base da suspensão, multas, remoções e transferências. Por simples erros involuntários, os ferroviários eram advertidos e punidos por ele e seus seguidores [...] O clima era de revolta e pavor" (Santos, 1987, p.29).

Desse modo, um grupo de ferroviários de Botucatu articulou-se para liderar um movimento que os reunisse em torno dessa e de outras questões prioritárias de luta da categoria. Deliberaram lutar pela readmissão dos companheiros dispensados em 1948, pela reabertura do sindicato fechado em 1940, pelo aumento de salários e por uma reestruturação de seus quadros de carreira. Uma comissão encarregou-se de levar as propostas ao presidente da República, Getúlio Vargas, juntamente com as denúncias sobre o chefe da III Divisão, que contava, segundo ele, com o endosso da companhia e do governador Lucas Nogueira Garcez.

Ao voltar, a comissão expôs os resultados da entrevista com o presidente em duas grandes concentrações de ferroviários, realizadas em Sorocaba e Botucatu, o que ocorreu sob a vigilância de forte aparato policial.

A comissão comunicou aos ferroviários a sugestão do presidente de que a categoria criasse uma associação civil que a representasse e lutasse por seus direitos, pois as leis vigentes impediam que fosse criado o sindicato.

Na concentração realizada no cinema de Botucatu, onde se encontravam mais de três mil ferroviários, com delegações vindas de várias cidades do interior e da capital, foi criada a União dos Ferroviários da Estrada de Ferro Sorocabana, que, após a eleição de sua diretoria, iniciou um trabalho de estruturação de seus quadros de associados ao longo das linhas.

Essa associação da categoria cresceu e organizou-se cada vez mais, conseguindo que quase a totalidade dos ferroviários fizesse parte de seu quadro associativo. Além disso, procurou organizar-se a partir de suas bases, iniciando a formação de delegados por seção de trabalho.

> Reforçando o esquema da UNIÃO, tínhamos delegados por seção e itinerantes: estes últimos, constituídos por chefes de trens, cabineiros e maquinistas que, pela função, desempenhavam muito bem o seu papel. Para a UNIÃO eram cargos de grande valia. Uma mensagem nossa, no prazo de dez horas, era transmitida por toda a ferrovia.
>
> Trabalhávamos também com os companheiros dos telégrafos e os despachadores que completavam nossa cadeia de informações. (Santos, 1987, p.39)

É também Santos (1987, p.35) que nos relata uma forma de luta, através da desobediência frontal e coletiva praticada pelos ferroviários, nesse período:

> Em Sorocaba, os ferroviários solicitavam que se pleiteasse junto à chefia de mecânica, dez minutos para a lavagem das mãos. Trabalhando em mecânica e em reparação de locomotivas, nossas mãos viviam encardidas, cheias de graxa. Tendo que lavar as mãos após o término dos horários estabelecidos não sobrava quase tempo para a maioria almoçar, pois tínhamos apenas uma hora e meia para as refeições.
>
> Na época, eu era presidente da U.F.E.F.S. e após a reunião entre delegados e membros da delegacia chegamos à conclusão de que essa reivindicação serviria muito bem para organizarmos as lutas necessárias à categoria. A princípio seguimos os caminhos dito "legais". Por via de requerimentos e cartas ao chefe do Departamento de Mecânica, pleiteamos os dez minutos para a lavagem das mãos. Os requerimentos não bastaram e após novas cartas, abaixo-assinados e um pedido de audiência com a chefia, a resposta veio curta e grossa: "Não podemos atender". Com a negativa da chefia, solicitamos ao Governador Lucas Nogueira Garcez uma audiência para tratar das seguintes reivindicações: "aumento salarial, reestruturação de carreira, volta dos dispensados e debater os dez minutos para lavagem", cujo pedido ficou para estudo.

Diante da falta de resposta das chefias e do governador, os trabalhadores foram convocados para uma assembléia no Largo do Líder, em Sorocaba, que contou com quase a totalidade dos ferroviários e onde foi deliberado que

[...] a única forma de luta seria desrespeitar as ordens existentes [...] aprovamos que dez minutos antes de soar os apitos para a hora do almoço e na saída do turno, encaminharíamo-nos para o lavatório [...] No dia seguinte, 20 minutos antes das 11 horas, hora do apito, todos os lavatórios e tanques existentes nas oficinas estavam policiados por mestres e encarregados. Na seção de tornos, onde eu trabalhava, estava a alta administração do Departamento de Mecânica e seus auxiliares, aguardando a hora "H". O clima dentro das oficinas era tenso e cheio de expectativa. Em cada coluna havia um ferroviário olhando de soslaio, aguardando a hora fatal. Quando o relógio da seção marcou 10 horas e 50 minutos, desliguei meu torno e me dirigi ao tanque, cumprindo uma deliberação da classe, apesar da presença incômoda da alta administração. A pressão exercida contra meus companheiros foi intensa e o meu ato foi solitário [...] Quando comecei a me lavar, o chefe da mecânica avisou que essa atitude poderia significar a minha demissão. Respondi que eu me encontrava no horário de almoço e que me colocava à disposição da chefia na volta ao serviço. (ibidem, p.36)

Naquele mesmo dia, os ferroviários fizeram uma nova assembléia repleta de trabalhadores, que, aborrecidos com a situação humilhante e constrangedora que haviam vivenciado e solidários com o companheiro que poderia ser demitido por sua ação solitária, comprometeram-se novamente a ir lavar as mãos dez minutos antes do horário no dia seguinte.

Terminada a concentração, os líderes do movimento comunicaram aos deputados do Estado que haviam decidido ir à greve caso não fosse atendido o pedido dos "dez minutos". Ao mesmo tempo, a chefia do departamento de mecânica também comunicou às autoridades a firme determinação dos ferroviários.

A essa altura esse assunto já havia ganho as conversas de esquina de Sorocaba. Só se falava na "conquista dos dez minutos", reivindicação simples, mas importante para todos aqueles que trabalhavam no setor de Mecânica. Naquela noite, ninguém dormiu. No dia seguinte às 10 horas e 50 minutos, quando todos estavam preparados para deixar o seu trabalho e caminhar para os tanques, a chefia recebeu um telegrama: estavam concedidos aos ferroviários os dez minutos para a lavagem das mãos. (p.37)

É notável como, mesmo diante da heterogeneidade política da categoria e também da proibição de sua sindicalização oficial, os ferroviários da Sorocabana souberam encontrar formas de manter-se organizados e de garantir a solidariedade de muitos em torno de suas lutas. Também se percebe que a coletividade ferroviária geralmente atende ao apelo das lideranças para organizar-se em entidades ou lutar por reivindicações salariais ou de carreira, quando é colocada em primeiro plano reivindicatório alguma questão que envolva diretamente suas insatisfações referentes ao trabalho: conflitos com chefias, luta pelos dez minutos etc.

É no contexto das condições e da forma de trabalhar que os ferroviários reagem com mais freqüência, e esse fato não é percebido apenas na luta pública e coletiva, mas nas resistências que ocorrem de forma desorganizada e difusa, no dia-a-dia de trabalho. A intervenção cada vez maior da empresa no processo de trabalho, por meio de medidas racionalizadoras, contrapunha-se às formas de resistência aí existentes: indolência, roubo, sabotagem, "cera", faltas etc. Onde os trabalhadores tivessem alguma autonomia para determinar seus ritmos de trabalho e utilizar-se de suas ferramentas, era possível revelar-se um contrapoder operário, aparentemente passivo e individual.

A pesquisa realizada em inquéritos individuais e sindicâncias da empresa e em processos levados à Justiça do Trabalho, na década de 1940, permitiu acompanhar a vida funcional dos trabalhadores, por meio da ficha individual anexada ao processo referente à vida funcional de cada trabalhador. Nas fichas desses ferroviários que haviam sido admitidos nas décadas de 1910, 1920, 1930 e 1940, constavam todas as irregularidade que haviam cometido até então e as conseqüentes punições. É relevante o número de multas, suspensões e remoções no dia-a-dia de trabalho decorrentes de indisciplina, desrespeito à autoridade, embriaguez, faltas e irregularidades no serviço.

FERROVIÁRIOS, TRABALHO E PODER **131**

A última falta do trabalhador, motivo de inquéritos – e que foi eleita para análise –, geralmente é atribuída a "ato de improbidade" (roubo), "embriaguez habitual", "dissídia habitual" (relacionada a grande número de faltas e licenças), "abandono de emprego", "indisciplina", "desrespeito à autoridade", "irregularidade no serviço" e "falta grave de agressão".

Os casos mais expressivos em relação à improbidade geralmente dizem respeito a roubos nos armazéns, violação de mercadorias transportadas pelos vagões, extravio de dinheiro das estações e roubo de ferramentas das oficinas.

Os episódios de violação nas mercadorias transportadas através da ferrovia eram motivo de permanente preocupação da empresa, em razão de sua grande incidência. Podem ser citados alguns casos ilustrativos, como o de um truqueiro que furtou cinco sacos de açúcar mascavo e dois de farinha de trigo de um vagão, e em cuja ficha individual constava uma multa de dois dias "por trabalhar com visível má vontade".[32]

Outro caso semelhante é o de um chefe de trem que "vinha violando volumes de vagões conduzidos em trens por ele mesmo chefiados".[33]

Os roubos de gêneros alimentícios, tecidos etc., nos armazéns de abastecimento, também ocorriam com freqüência, sendo geralmente praticados por seus próprios funcionários.

Os casos de extravio de dinheiro nas estações são apontados nesses inquéritos, indicando acusações do seguinte tipo:

[...] acusado de falta grave de improbidade consistente em retardar a remessa de Cr$ 298,00 proveniente da Estação de Vila Augusta, de que é chefe[...].[34]

[...] não recolhimento da renda de CR$ 100,00 para a Estrada pelo transporte de um documento.[35]

---

32   Ferroviário admitido em 1934, cad. 11.989. Data: janeiro de 1944.
33   Ferroviário admitido em 1927, cad. 1.784. Data: março de 1946.
34   Ferroviário, cad. 37.198. Data: 4 de outubro de 1944.
35   Ferroviário auxiliar de primeira extra, admitido em 1935. Data: 4 de janeiro de 1946.

132 MARIA DE FÁTIMA SALUM MOREIRA

Na via permanente, era comum o roubo de lenha, e nas oficinas, o roubo de ferramentas: "suspenso enquanto é apurada a acusação de crime de furto de material das oficinas".[36]

O roubo de materiais, ferramentas e peças de bronze das oficinas, quando denunciado ou descoberto, fazia parte dos inquéritos da empresa e mesmo dos processos desenvolvidos pela Secretaria da Segurança Pública, por meio Delegacia de Investigações sobre Furtos. Esses casos, algumas vezes, envolviam terceiras pessoas, não funcionários da Sorocabana, que eram receptadoras das mercadorias roubadas.[37]

Em um desses inquéritos, dois funcionários das oficinas se defendiam da acusação de roubo de uma broca, alegando que era costume entre os operários "emprestar" ferramentas de seus empregadores para realizarem serviços particulares:

> É comum e notório entre artífices de qualquer atividade, que geralmente ganham pouco e sempre vivem e lutam com dificuldades pecuniárias, defenderem os inevitáveis "déficits" de seus orçamentos com trabalhos particulares conhecidos e vulgarizados por "biscates". Quando conseguem desses serviços costumam auxiliarem-se mutuamente, emprestando uns aos outros suas próprias ferramentas e as de propriedade dos empregadores, às vezes com permissão destes, *e outras vezes sem permissão, quando impossível de obtê-las.* (Carta de defesa..., 17.1.1944 – grifo nosso)

Esses roubos e "empréstimos" ocorriam apesar da existência de rígidos regulamentos que impunham normas para o fornecimento, o controle e a conservação das ferramentas.

> [...] as ferramentas de propriedade da estrada, entregues à guarda de artífices carpinteiros não poderão ser utilizadas para serviços particulares e, em caso nenhum, poderão ser conduzidas para fora do recinto da Estrada ou para suas residências.

---

36   Ferroviário, cad. 9.067. Data 5 de agosto de 1942.
37   Verificar um desses casos em Relatório da Secretaria da Segurança Pública (1943).

No caso de extravio ou de substituição de ferramenta, inutilizada por descuido, negligência ou imperícia no seu uso, quer por parte do Artífice, quer por ter este (o que não será permitido) cedido a ferramenta a terceiros, a substituição será feita mediante o débito do seu valor ao Artífice responsável, pago em prestações mensais não superior a 10% dos vencimentos brutos do mesmo responsável, ficando salvo à Estrada, o direito de, no caso de se verificar fraude no extravio da ferramenta, tomar, além desta, as providências disciplinares que julgar acertadas. (Estrada de Ferro Sorocabana, Regulamento para fornecimento..., 14.4.1938)

Os casos de embriaguez no serviço eram freqüentes e relacionavam-se normalmente a empregados das oficinas, das estações e do serviço de trens. Mesmo quando o motivo do inquérito não era o de "embriaguez habitual", geralmente as fichas individuais de funcionários que respondiam por outros processos também registravam punições por se encontrarem alcoolizados durante o trabalho. Os maquinistas de trens geralmente respondiam a inquéritos, em que, além de serem acusados de embriaguez em serviço, também o eram por não-cumprimento de ordens, falta à escala, desrespeito à hierarquia e falta de cuidados com a locomotiva.

O abandono de emprego, as faltas e as licenças constantes no serviço eram outros fatores que denotavam as dificuldades da empresa no controle de seus subordinados. Eram muitos os processos motivados por "abandono de emprego" e "dissídia habitual".

[...] o maior de seus defeitos é retirar constantes licenças e quando estas não lhe são concedidas esse indiciado abandona o trabalho por conta própria sem dar satisfação aos seus superiores.
[...] péssimo empregado visto como além de pouco assíduo ao serviço, ainda é insubordinado e indisciplinado.[38]
Comunico-vos a irregularidade no serviço do Sr. "X". Afastou-se do serviço no dia 27/07/46, supus que se achava doente, mas até a presente data não se dirigiu à consulta médica, está em sua casa folgando, penso que este trabalhador vem prejudicando a conservação da linha como também

---

38   Ferroviário admitido em 1942, cad. 16.921. Ata: 14 de novembro de 1946.

134 MARIA DE FÁTIMA SALUM MOREIRA

faltou no trocamento de trilho, um serviço de grande responsabilidade de maneira que nos primeiros meses que trabalhou demonstrou ser bom trabalhador, mas ultimamente vem cometendo muita falta e sua produção no serviço é muito pouca, está fazendo uso desregrado de bebida alcoólica e é provável que a doença é isso.[39]

Outras espécies de irregularidades na realização do trabalho também são visíveis pela análise desses documentos, os quais apontam para conflitos acerca da duração do trabalho e da forma de execução das tarefas. Um trabalhador das oficinas, respondendo a inquérito administrativo, declara que

[...] foi designado para servir na seção de lubrificação das oficinas de Sorocaba, que no exercício dessa nova função de seu chefe imediato [...] fixou uma tarefa para ele declarante e mais quatro companheiros executarem durante o dia, que, no entanto, havendo terminado antes do final do dia de trabalho, aquele seu chefe entendeu que devia dar-lhe novo serviço para executar naquele mesmo dia, nas horas faltantes; que ante isso o declarante entendeu não lhe caber essa obrigação de executar essa nova tarefa e disse-o claramente ao seu chefe; que nesta ocasião também se insurgiram contra essa nova ordem do chefe os empregados "Y" e "Z", sendo-lhes aplicada uma suspensão de dois dias por este motivo; que decorrido uns três ou quatro meses o declarante foi novamente surpreendido por não estar executando um serviço nos moldes das instruções dadas por aquele chefe; que o declarante pode afirmar que modificou a forma de executar o serviço que lhe fora dado a fim de torná-lo mais rápido e eficiente e não com o intuito de menosprezar o chefe [...] o referido chefe não aceitou qualquer explicação aplicando sumariamente uma suspensão por dois dias [...][40]

Além da existência de casos de sabotagem, "[...] suspenso por cinco dias por ter avariado propositalmente o aparelho telegráfico de

---

39 Carta do chefe da via permanente, Acrísio Paes Cruz, sobre o trabalhador admitido em 1923, cad. 10.642. Data: 29 de agosto de 1946.
40 Ferroviário admitido em 1945, cad. 42.259. Data 25 de fevereiro de 1947.

FERROVIÁRIOS, TRABALHO E PODER **135**

Jequiá",[41] também se observa a existência de atos de agressão, principalmente entre os trabalhadores das estações, oficinas e via permanente. Os motivos geralmente são atribuídos a desentendimentos quanto aos serviços entre chefes e subordinados e também a motivos pessoais, envolvendo atritos entre as famílias dos ferroviários.

Um mestre das oficinas de Sorocaba recebeu uma violenta pancada de ferro na cabeça, depois de ter discutido e advertido um empregado que fazia a limpeza de seu local de trabalho, quinze minutos antes da hora preestabelecida.[42]

Outro caso refere-se à existência de uma grande animosidade entre os mestres das oficinas e um funcionário que vinha sofrendo inúmeras punições desse chefe, atribuídas a indisciplina e faltas ao serviço. Tal funcionário, na primeira oportunidade que teve, denunciou um ato de "falta de patriotismo" do mestre às autoridades do Exército nacional, pois este o havia proibido de largar o trabalho para assistir à passagem de um pelotão do Exército que trazia a bandeira nacional. Depois de ter invadido as oficinas com um cabo do Exército, para efetuar a prisão do mestre, o funcionário acompanhou a patrulha "gozando com os vexames que seu chefe estava passando". Reuniu-se ainda com outros companheiros para darem queixa do ocorrido também à Delegacia de Ordem Política e Social.[43]

Embora esse caso não se configure como agressão física, denota claramente a existência de atritos entre chefes e subordinados e as maneiras que chegaram a assumir, além dos casos específicos de ataque físico, com objetos, chegando mesmo a ocorrer casos de homicídio.[44]

A ocorrência de várias formas de insubordinação e resistência ao controle racional a que foram submetidos os trabalhadores ferroviários também pode ser percebida por meio da atuação do Serviço de Ensino

---

41   Ferroviário telegrafista, admitido em 1942. Data: 14 de outubro de 1959.

42   Depoimento do mestre das oficinas, em Sorocaba, cad. 8.111. Data: 31 de março de 1947.

43   Ferroviário artífice de terceira classe, cad. 7.059. Data: 26 de agosto de 1942.

44   Conforme se verificou nos apontamentos que, da mesma forma que os anteriores, se encontram arquivados no "Arquivo e Museu Ferroviário de Jundiaí", sob a denominação de "Inquéritos Individuais".

136 MARIA DE FÁTIMA SALUM MOREIRA

e Seleção Profissional da Sorocabana. Desde a década de 1930, esse foi um lugar que se destinou, ao mesmo tempo, à formação de trabalhadores com especializações restritas e à domesticação e ao controle das resistências que ocorriam no espaço do trabalho.

No início da década de 1940, foi criado um Curso de Aperfeiçoamento das Oficinas (CAO) que objetivava melhorar o preparo técnico e administrativo dos mestres e empregados das oficinas de locomotivas e de carros e vagões do departamento de mecânica. Esse curso tinha a duração de um ano, e, em seus programas, constavam noções de "organização racional do trabalho", normas para a "direção e controle dos serviços de oficinas", "aplicações matemáticas" e "desenho técnico". Após a conclusão do ano letivo, a Sorocabana enviava seus alunos para visitas de instruções em oficinas ferroviárias de outras estradas e também a diversas indústrias da capital (*Nossa Estrada*, 1945).

Desse modo, o curso dirigia-se basicamente à formação do aluno em dois aspectos: a) preparo para a direção e o controle sobre o trabalho a ser executado nas oficinas e b) preparo técnico para a orientação e supervisão das tarefas.

A maneira como era encaminhada a formação dessas chefias em relação ao primeiro aspecto nos permite identificar as formas de insubordinação dos trabalhadores no interior do processo de trabalho e as estratégias de controle da empresa que lhe eram correspondentes.

A análise do caderno de um aluno desse curso, em 1945, é reveladora dos conteúdos e significados da orientação dada aos mestres e encarregados das oficinas, em relação ao controle e à educação de seus subordinados.[45]

Inicialmente, são colocadas as responsabilidades do cargo de chefia em relação à direção da Estrada: 1. identificar-se com a administração; 2. conhecer os limites de sua responsabilidade e autoridade; 3. ser capaz de cooperar com os superiores; 4. zelar pelo interesse da administração; 5. incutir a disciplina; 6. procurar incrementar o trabalho; 7. manter a produção.[46]

---

45 Caderno de um aluno do Curso de Aperfeiçoamento das Oficinas (CAO), 1945.
46 Ibidem.

Nesse sentido, as chefias eram orientadas para subordinar-se e identificar-se com a direção central, além de responsabilizar-se pela disciplina e pela produção no trabalho. Nesse curso, realizava-se uma identificação detalhada de todos os hábitos do trabalhador considerados nocivos ao rendimento e à eficiência dos serviços.

As causas da "cera" são relacionadas a: 1. esquivamento e indolência; 2. pouca prática e inexperiência; 3. mestre negligente e pouco vigilante; 4. espírito distraído, aborrecido, sonhando acordado; 5. cansaço de trabalho ou doença; 6. desinteresse ou falta de iniciativa.[47]

Assim sendo, os chefes eram instruídos para verificar se o trabalho não estava sendo insuficiente, isto é, se não estava faltando serviço e permitindo "brechas" para o pessoal fazer "cera". Isso feito, deveriam reorganizar e melhorar o plano de trabalho, distribuindo adequadamente as tarefas entre os trabalhadores, além de manter uma vigilância maior.

Os acidentes e as negligências ocorridos no trabalho eram atribuídos a: 1. falta de atenção, incapacidade de concentração; 2. brincadeiras, aborrecimentos; 3. descuido, sonhar acordado; 4. indisciplina e falta de treinamento adequado na precisão; 5. indiferença, falta de interesse demonstrada por preguiça, malandragem, falta de consciência; 6. falta de cooperação, apoio; 7. trabalho monótono ou rotina; 8. precipitação, impetuosidade e pressa de largar.[48]

Nesses casos, aconselhava-se ao chefe das oficinas uma vigilância efetiva sobre os trabalhadores, além da realização de um trabalho educativo cotidiano, do apoio às campanhas elucidativas feitas pela empresa, e do proporcionamento de todas as condições materiais necessárias para evitar a ocorrência de acidentes: equipamentos de segurança, ferramentas adequadas etc.

A manutenção e a garantia da obediência dos trabalhadores às normas e aos regulamentos disciplinares são outros fatores que constam da instrução e do aperfeiçoamento desses chefes. A eles é apresentada uma "cartografia da indisciplina", identificada nos se-

---

47   Ibidem.
48   Ibidem.

guintes comportamentos: 1. atraso na entrada; 2. saída antes da hora; 3. lavar-se antes da hora de largar o serviço; 4. ausentar-se do lugar de serviço; 5. ler jornais ou revistas em hora de serviço; 6. perder tempo com excesso de conversa ou brincadeira, como tratar de política no trabalho; 7. faltar sem comunicação; 8. brincadeira demasiada; 9. enganar novos operários; 10. espalhar ou inventar boatos prejudiciais; 11. promover agitação ou tumulto; 12. brigar em serviço; 13. vadiar propositadamente; 14. sabotar serviço; 15. desperdício de material; 16. embebedar-se; 17. recusar ordens; 18. falta de cuidado no uso de ferramentas e equipamentos; 19. correr risco expondo-se a acidentes; 20. invadindo propriedade privada; 21. roubo; 22. abusar de regalias; 23. usar linguagem profana.[49]

Para manter a disciplina em relação a esses itens, os chefes eram aconselhados a utilizar os regulamentos da Estrada relativos a suspensões, rebaixamentos, multas, transferências e até demissões. Também eram orientados a conversar e admoestar seus subordinados, de forma que as punições não fossem relegadas a um caráter de ordem pessoal, por meio de ameaças, blefes, sarcasmo, palavrões ou agressão física.

Diante desses fatos, é possível apreender alguns aspectos da realidade vivida na prática cotidiana dos trabalhadores na produção, que passam pela subordinação às novas práticas racionais de controle e domesticação operária, mas também por vários modos de resistência às novas formas de controle sobre seu fazer, seu tempo e sua autonomia.

---

49 Ibidem.

4
TRABALHO, IDENTIDADE E CULTURA: DIMENSÕES DA EXPERIÊNCIA FERROVIÁRIA

Nenhum modo de produção
e, portanto, nenhuma ordem social dominante
e portanto nenhuma cultura dominante,
nunca na realidade, inclui ou esgota
toda a prática humana,
toda a energia humana
e toda a intenção humana.

(Raymond Willians)

Trabalho, disciplina e resistência: múltiplas faces

O empenho na formação desse trabalhador soldado, obediente e disciplinado servidor da empresa ferroviária, não passou apenas pelo condicionamento mental ao comportamento produtivo realizado por meio da organização científica do trabalho, que criou hábitos de responsabilidade, ordem, atenção e aproveitamento intensivo e metódico do tempo na produção.

O "espírito ferroviário" também foi cultivado por meio de uma intervenção direta da empresa sobre as condições de vida de seus funcionários, abrangendo as questões relativas à saúde, alimentação, habitação, educação e ao lazer. Para isso, além de assumir diretamente o controle de atividades que antes eram dirigidas exclusivamente pelos

140 MARIA DE FÁTIMA SALUM MOREIRA

ferroviários (escolas, clubes esportivos etc.), organizou-se uma intensa propaganda, desenvolvida por meio da imprensa, de cartazes, filmes, livros e concursos, a qual forjava e divulgava a imagem do ferroviário ideal para a empresa: o "soldado do trabalho", produtivo, obediente e responsável.

Para higienizar e moralizar o espaço que o trabalhador ocupava fora dos momentos de trabalho, contribuiu sobremaneira a criação do Serviço de Assistência Social da Empresa, na década de 1940, que, integrado ao departamento de pessoal, procurou realizar um trabalho eficaz e abrangente sobre as condições de vida e de trabalho dos ferroviários.

Desde as décadas anteriores, já eram, entretanto, visíveis várias formas de regularização e higienização sobre as condições de vida desses trabalhadores. Além da preocupação em manter operários fortes e saudáveis, também se buscava abstraí-los da influência nefasta de elementos "nocivos e perniciosos", que viviam em aglomerados habitacionais sujos e promíscuos da periferia da cidade.

Em 1922, Gaspar Ricardo, ocupando o cargo de engenheiro-chefe da Sorocabana, chamava atenção para as medidas de "caráter externo" a serem tomadas pela empresa e ressaltava que elas deveriam ser tendentes a cultivar "o espírito da ordem, a subordinação e a disciplina, hoje tão abalados pela influência nefasta das correntes anarquizadoras já muito disseminadas nos meios operários" (p.489).

Propunha que, para a formação de operários "inteligentes, robustos e disciplinados", deveriam ser enfrentadas as questões da habitação, alimentação, vestuário e lazer dos trabalhadores.[1]

Quanto à habitação, afirmava que

> [...] as medidas de caráter externo reportam-se às habitações [...] e neste caso, as empresas têm grande interesse em construir vilas operárias [...], o que lhes permitirá ter os operários sempre próximos das instalações e muito mais subordinados à sua influência e direção (Ricardo Júnior apud Antonacci, 1985, p.30).

---

1   Conforme discurso desse diretor, apresentado em capítulo anterior.

Em 1933, dando continuidade ao plano de construção de casas higiênicas, que havia sido interrompido por causa da crise do final da década anterior, Gaspar Ricardo anunciou a construção de um grande número de habitações, destacando: "[...] de acordo com o nosso programa anteriormente traçado, para a construção de casas operárias no total de 5.000.000$000 a que já demos início, dispendemos no ano de 1933, a importância de 391.360$397, na construção de 81 casas" (Estrada de Ferro Sorocabana, 1933).

A empresa ferroviária investiu na construção de vilas operárias, que mantivessem os trabalhadores reunidos em locais próximos ao trabalho, de forma a mantê-los sob a sua vista e muito mais subordinados à sua influência e direção. Além disso, os códigos de conduta e disciplina impostos ao ferroviário na realização de seu trabalho também puderam ser estendidos para os espaços de não-trabalho, pela própria vigilância que os trabalhadores puderam realizar uns sobre os outros, levando aos chefes os casos de "desvio", problemas familiares etc.

As moradias costumavam ser divididas em pequenos cômodos, de modo a criar um ambiente sem promiscuidade, onde a família ferroviária pudesse desenvolver-se dentro dos princípios morais considerados mais elevados.

O tamanho e a arquitetura dessas casas variavam de acordo com seus destinatários. Os ferroviários que ocupavam cargo de chefia utilizavam as casas maiores, com fachadas e áreas externas mais amplas. Além disso, os chefes de estação, por exemplo, dispunham de um funcionário designado para cuidar dos jardins e quintais de sua casa. Aliado a tal questão, propunha-se que a alimentação e o vestuário dos operários também deveriam receber a devida atenção da empresa:

> Além da casa, os industriais podem favorecer seus operários proporcionando-lhes refeições em "cantinas" onde se encontre alimentos sãos e suculentos, a preços reduzidos, nas proximidades das fábricas, permitindo aos empresários fiscalizar e restringir o uso de bebidas alcoólicas, tratando assim com operários bem alimentados e portanto capazes de melhor produção. [...] A questão da alimentação e do vestuário costumam ser resolvidos mais simplesmente pela criação de cooperativas de

consumo, cujos resultados são sempre muito benéficos para os patrões e assalariados. (Ricardo Júnior apud Antonacci, 1985)

A partir de 1929, foram criados armazéns de abastecimento em vários centros importantes de concentração ferroviária: Sorocaba, Bauru, Mayrinky, Assis etc. Esses armazéns deveriam proporcionar ao ferroviário a aquisição de gêneros alimentícios e outros necessários à sobrevivência, por preços mais acessíveis a seu orçamento, assegurando-lhe o necessário para manter a si e sua família.

Além do armazém, também foram construídos refeitórios em várias localidades – Barra Funda, Sorocaba, Iperó, Bernardino de Campos –, e apenas na Barra Funda eram servidas 1.200 refeições diárias na década de 1940.

As ações dos ferroviários também experimentaram a intervenção da empresa por meio de estratégias de incentivo e apoio a todas as suas iniciativas culturais referentes à fundação de bibliotecas, clubes esportivos, escolas, bandas de música, exibição de filmes educativos etc.

A fundação da Biblioteca da Sorocabana, em 1930, objetivou o aprimoramento da inteligência e o cultivo de idéias "sãs" pelos trabalhadores, em relação à vida e à sociedade.

A medida é de real alcance, pois a par dos melhoramentos materiais não devemos esquecer de cultivar a inteligência do pessoal e por meio de várias companhias sãs, despertar-lhe o amor pela vida e pela sociedade, tornando aquela verdadeiramente útil a esta. (Estrada de Ferro Sorocabana, 1930)

O incentivo à leitura formadora de "mentes sadias" foi acompanhado de várias campanhas moralizadoras; em seu relatório anual de 1931, Gaspar Ricardo lembra:

[...] fizemos aparecer um jornal, *Nossa Estrada*, cujo programa consistia em estimular o zelo pelo bom nome da Sorocabana e de seu pessoal; fizemos as campanhas para a repressão sistemática ao uso de bebidas alcoólicas, e para repressão de acidentes ferroviários, por meio de cuidadosos inquéritos destinados a apurar as faltas e as responsabilidades, bem como intensa propaganda para aperfeiçoar a execução dos serviços ferroviários. (Estrada de Ferro Sorocabana, 1931)

A revista *Nossa Estrada* fora criada pela diretoria, tendo sua existência divulgada em circular de 29 de novembro de 1928. A direção procurou facilitar o máximo possível as assinaturas da revista, parcelando suas prestações. O nome da revista deveria ser bastante sugestivo aos ferroviários, lembrando-lhes que "a Sorocabana é *nossa*" e destinava-se a

> [...] tratar dos assuntos que se relacionassem com o progresso da Estrada e da zona por ela servida, o aperfeiçoamento de sua organização interna e tudo quanto pudesse contribuir para facilitar ao pessoal o desempenho dos seus deveres profissionais, tendo, a par disso, a sua leitura amena e recreativa. (Estrada de Ferro Sorocabana, Circular n° 60/47, 21.1.1930)

O estímulo ao bom desempenho e à disciplina no trabalho foi promovido de várias formas pela revista, inclusive por meio de concursos. Em 1940, foram oferecidos prêmios em dinheiro para aqueles funcionários que fizessem os melhores desenhos alusivos à ferrovia, os quais posteriormente deveriam ser impressos em folhinha.

> [...] o desenho obedecerá a motivos que despertem no ferroviário os sentimentos de trabalho, disciplina e dedicação à Estrada; a apresentação da Estrada, sua atuação dentro do Estado, importância de seus serviços, como propaganda junto ao público e, ao mesmo tempo, como estímulo aos sentimentos acima indicados. (Estrada de Ferro Sorocabana, Circular n° 530, 6.8.1940)

O cultivo de idéias "sadias" em relação à vida, ao trabalho e à sociedade foi incentivado por meio de artigos publicados por esse órgão. Tematizando sobre "o trabalho e a felicidade", Luiz de Mendonça Júnior, chefe do departamento de pessoal, enfatizava que "[...] o ideal de nossa atividade profissional é que cada um de nós, longe de encarar o trabalho como um castigo, como uma pena, façamos dele uma causa de prazer, uma fonte de felicidade" (*Nossa Estrada*, fev.1945).[2]

---

2   Discurso proferido pelo chefe da repartição do pessoal, Luiz de Mendonça Júnior, na aula inaugural dos cursos da divisão de ensino e seleção profissional, em 5 de fevereiro de 1945.

144 MARIA DE FÁTIMA SALUM MOREIRA

Completando suas idéias, esse engenheiro alertava para o fato de que a felicidade não podia ser entendida como "inexistente", conforme pensavam os pessimistas, e nem sob o ponto de vista de outros que a consideravam "um prazer continuado", definindo: "[...] a felicidade é a simplicidade, é a resignação, é a acomodação ou ajuntamento à nossa personalidade e ao nosso ambiente [...]" (ibidem).

A tentativa de controlar o alcoolismo entre os ferroviários também foi uma constante preocupação das administrações da Estrada. O hábito dos ferroviários em freqüentar botecos e embebedar-se, indo, muitas vezes, diretamente do trabalho para os bares, foi intensamente combatido por meio de campanhas e de uma regulamentação interna ao trabalho, que punia severamente e até demitia os infratores que se embriagassem quando em serviço.

Realizavam-se concursos que premiavam os melhores artigos sobre o alcoolismo, e nos folhetos de preços distribuídos nos armazéns de abastecimento eram colocados conselhos, em pé de página, com os seguintes dizeres: "Evite o uso de bebidas alcoólicas. Elas prejudicam a saúde, a economia e os serviços. Muitos dos acidentes pessoais e ferroviários são devido ao abuso de bebidas. Em vez de bebidas alcoólicas, beba café" (*O Apito*, 16.12,1933, p.8).

Além disso, eram alertados, por meio de cartazes, para os perigos do alcoolismo e da sífilis (ibidem). Insistia-se, constantemente, na correção desses vícios.

Embriaga-te!... Por que? Que prazer sentirás em viver num estado de inconsciência, quando a vida poderá te sorrir, como a aurora no seu matutino languor, transformando a tua existência num suave encanto, orvalhando os dias que lentamente se escoam na sublime admiração de um homem que na vida, tem por objetivo particular de progredir e engrandecer o nome que preza.

Embriaga-te pelas vicissitudes que sofres nos embates da vida? Mentira!... Tu não tens energia! Fitas esta existência pelo negro prisma do pessimismo. Não tens, sem dúvida, esta altivez que sintetiza a lucidez de um espírito que sugere um bem-estar físico e moral. Julgas que no álcool encontrarás um lenitivo para teus dissabores?... Ilusão pueril e mesquinha!... Tu és um desvairado. No teu cérebro doentio medra a inércia quando surgem na vida empecilhos fáceis de remover... (*O Apito*, 16.3.1932, p.12)

Por meio dessas campanhas, tentava-se incutir a idéia de que a embriaguez era resultado da falta de "energia", de "altivez", de "lucidez de espírito" e de "equilíbrio físico e moral", negando-se insistentemente em admitir que os "dissabores da vida" pudessem levar o homem a entregar-se à bebida. Aliás, essa insistência parece apontar justamente para o ocultamento de seu contrário, isto é, o fato da relevância assumida pelos grandes sacrifícios e tensões impostos ao trabalhador na determinação de suas tentativas em burlar o trabalho e procurar outras formas de viver sua vida: sem controle, sem disciplina, sem horário...

O cinema também foi intensamente utilizado na divulgação das imagens sobre o comportamento do ferroviário ideal. A importância desse meio de comunicação era claramente percebida pela administração ferroviária, conforme torna explícito o Serviço de Assistência e Cooperação Educacional à Família dos Ferroviários, criado pelo Ministério da Viação e Obras Públicas em 1950.

> Não há hoje um meio mais poderoso para exercer influência sobre as massas, quer devido às figuras projetadas na tela, quer pelo preço do espetáculo cinematográfico, ao alcance do povo comum; e pelas circunstâncias que o acompanham. O poder do cinema provém de que ele fala por meio da imagem, que a inteligência recebe com alegria e sem esforço, mesmo se tratando de uma alma rude e primitiva [...] O bom cinema é uma forma universal de ensino, que deve ser difundida como instrumento de educação e elevação moral. (Brasil, 1950)

Assim, era incentivado o comparecimento dos ferroviários às projeções de filmes educativos e moralizantes:

> Com o fim de proporcionar a todo o pessoal da Estrada, de São Paulo e Barra Funda, a oportunidade de assistir a uma bela lição de disciplina e dedicação de um ferroviário no desempenho de seus árduos serviços, tão cheios de responsabilidade e em que a noção nítida do cumprimento do dever deve sobrepujar todos os sentimentos, tenho o prazer de convidar a

146 MARIA DE FÁTIMA SALUM MOREIRA

todos os empregados, sem distinção de classe ou categoria, a comparecer ao Cine Rosário, na Praça Antônio Prado, no próximo domingo, às 14 horas, a fim de assistir a película que ali será exibida. Qualquer empregado poderá ingressar neste cinema mediante a simples apresentação de sua caderneta de identidade da Estrada, sem mais despesas. (Estrada de Ferro Sorocabana, Carta circular n° 1/327, 7.8.1930)

A ação educativa e recreativa do cinema também foi dirigida para os filhos dos ferroviários, que no futuro, provavelmente, iriam investir-se das funções do soldado ferroviário.

O Serviço de Assistência Cultural da Divisão de Assistência Social promoverá no próximo dia 28, domingo, às 10 horas da manhã, na sala 3 da Divisão de Ensino e Seleção Profissional, uma exibição cinematográfica dedicada aos filhos de ferroviários. Serão exibidos filmes recreativos e educativos.

Mensalmente, sempre no último domingo, no mesmo local e hora, serão realizadas exibições do mesmo caráter. (Estrada de Ferro Sorocabana, Circular n° 7-8-6, 25.9.1947)

As imagens do tipo ideal da empresa, baseada na organização racional do trabalho, também puderam ser divulgadas aos chefes de serviço por meio do cinema. Os princípios e as técnicas fordistas de organização do trabalho continuaram a ser divulgados e aperfeiçoados na década de 1940, conforme denota uma das circulares:

Esta diretoria tem o prazer de convidar os Srs. Chefes de Serviço para assistirem, promovida pelo Serviço de Assistência Cultural, por sua Seção de Cinema, a exibição do filme *Vida de Henry Ford* produzido nos Estados Unidos, a ser posteriormente exibido na linha. O filme focaliza a evolução do automóvel Ford, sua linha de montagem e produção em massa, dentro das características de que trata a Organização Racional do Trabalho [...]. São convidados igualmente, os alunos e ex-alunos dos Cursos de Organização Racional do Trabalho mantidos pela Sorocabana. (Estrada de Ferro Sorocabana, Circular, 25.5.1955)

Uma das formas de lazer que faziam parte da vida ferroviária era o futebol, o que levava à formação de associações locais e autônomas.

Os ferroviários promoviam competições entre os times ferroviários de várias cidades e manifestavam um visível interesse e predileção por essa atividade. A empresa ferroviária, então, procura se empenhar em apoiar e interferir nessa "prática salutar dos esportes", afirmando que, se os alunos fossem "bem orientados", isso concorreria "magnificamente, para o desenvolvimento harmônico do ser humano, recreando corpos e espírito", além de contribuir "para enrijar a têmpera do caráter e da vontade" (Brasil, 1950, p.86-7). "A esses Clubes, a Estrada como é de conhecimento geral fornece passes livres entre as estações [...] além de incentivar a prática do Esporte, medida de alto alcance física e socialmente falando" (Estrada de Ferro Sorocabana, 1930).

Na década de 1930, ocorreram várias tentativas de unificar os núcleos esportivos esparsos pelo organismo ferroviário: "[...] um núcleo que neutralizasse os efeitos contraproducentes da dispersão e se tornasse a breve trecho [*sic*] como que uma instituição orientadora em nosso meio das modalidades mais em voga da educação física" (*O Apito*, 16.10.1931, p.15).

Em 1931, altos funcionários da empresa, inclusive Fausto Rocha, chefe da repartição de pessoal, fundaram um novo clube ferroviário em São Paulo que deveria ser um centro de educação e de esportes para todos os empregados. A Liga Sorocabana de Educação e Esportes deveria:

> [...] fortalecer cada vez mais os liames que unem a família ferroviária, [...] unir em torno de seu estandarte todos os vários clubes existentes nos escritórios da Estrada [...] deveria ser a única entidade esportiva da Soro-cabana, para o que promoveria um entendimento com os demais clubes [...] promover conferências educativas, espetáculos nos quais tomarão parte os sócios amadores, seções literárias, aulas de ginástica para os filhos de ferroviários. (*O Apito*, 31.10, 1931, p.20)

Apesar de nos faltarem informações sobre o futuro dessa Liga, foi possível perceber que a Estrada acabou assumindo um certo controle sobre as associações, por meio de sua divisão de assistência social. A circular nº 18/49, de 5.5.1949, da diretoria, criou e a ela subordinou a divisão de desportos da Estrada, que, posteriormente, passou a chamar-se serviço de desportos e a fazer parte da divisão de assistência social. Os clubes esportivos ferroviários, filiados a esse serviço, dele recebiam: assistência técnica, auxílio financeiro para construções e ampliações de praças de esportes, piscinas etc. (cf. Frederico, 1952). Até a década de 1940, as questões sociais do pessoal da Estrada – desajustamento moral e familiar, habitações, saúde, problemas financeiros etc. – eram resolvidas por meio de um entendimento direto entre os ferroviários e seus chefes de serviço, que solucionavam ou encaminhavam os casos ao diretor da Estrada.

A repartição de pessoal, criada em 1930, ocupava-se basicamente dos procedimentos do ferroviário em sua vida funcional, procurando prevenir-se contra a atuação de trabalhadores que não estivessem adaptados ao funcionamento do trabalho na empresa e pudessem criar qualquer tipo de problema à administração. Buscando evitar a ocorrência de relações conflituosas no trabalho, traduzidas pelas reivindicações e exigências dos trabalhadores, tal setor deveria procurar elevar o nível moral dos trabalhadores,

[...] vindo ao encontro dessas necessidades ou reivindicações, para harmonizá-las com o interesse geral; procurando facilitar ao pessoal reuniões instrutivas ou de recreio, boas leituras etc., concorrem os administradores para a elevação moral dos homens que servem sob suas ordens e podem evitar não pequenos dissabores a si e à coletividade. (Parente, 1935)

Assim, havia algumas seções que, embora funcionassem isoladamente uma das outras, eram vinculadas à repartição de pessoal e cuja finalidade era atender ao abastecimento de gêneros e à assistência cultural aos ferroviários, casos da biblioteca e dos clubes esportivos. Até então, a ação dos médicos, assistentes sociais e psicólogos era direcionada especialmente para a seleção dos ferroviários, nas escolas profissionais da ferrovia.

Somam-se a isso as novas normas de controle que os serviços da assistência social introduziram na década de 1940, por meio de uma atuação fiscalizadora e regularizadora da vida social dos ferroviários. O discurso da administração, que permeou a implementação desse serviço, denota a sua relação com prováveis resistências e insubordinações dos trabalhadores às práticas de organização científica do trabalho, introduzidas no período anterior. Esse fato nos permite perceber o reordenamento que sofreram as estratégias dos dirigentes, diante das resistências apresentadas pelos trabalhadores.

Averiguou-se a existência de uma grande preocupação da empresa diante das dificuldades encontradas pelas chefias em controlar e manejar os trabalhadores, nos "tempos modernos". Requeria-se, para solucionar o problema, que os chefes e engenheiros adotassem novas atitudes na condução dos serviços, que deveriam proporcionar uma "elevação moral do trabalho", a ser realizada pela aplicação entre os seus subordinados de "normas de trabalho e de vida".

Para a viabilização dessa proposta, as chefias contaram com a contribuição dos serviços sociais da empresa, chamados a atuar de maneira a possibilitar aos trabalhadores condições que lhes permitissem obter maior rendimento e maior disciplina no trabalho.

Nesse sentido, em fins de 1944, foi criado o Departamento de Pessoal que centralizou todas as questões referentes ao fator humano: "[...] assentamentos referentes ao pessoal, adaptações dos empregados ao serviço e dos elementos do trabalho ao homem e a assistência social, isto é, estudo e melhoria das condições de vida dos empregados" (Circular da diretoria in *Nossa Estrada*, 1945, p.22).

Os trabalhos desse departamento ficaram repartidos entre as seguintes divisões:

• *Divisão de cadastro de pessoal*: que deveria assumir as funções da antiga repartição de pessoal, averbando tudo o que se relacionasse com a vida funcional do ferroviário.

• *Divisão de ensino e seleção profissional*: transferindo esse serviço, anteriormente ligado à diretoria, para este novo departamento.

• *Divisão de assistência social*: à qual também ficariam subordinados os armazéns de abastecimento.

A circular que regulamentou as atividades do departamento de pessoal atribuiu as seguintes funções à divisão de assistência social:

A Divisão de Serviço Social desempenhará uma função coordenadora entre as funções do empregado na atividade ferroviária e suas condições de vida, abrangendo as seguintes esferas:

a) *Do trabalho*: regime de trabalho e remuneração, prêmios e abonos, ambientes de trabalho, preservação contra acidentes.

b) *No campo da sociologia*: habitação, condições financeiras, condições de família, padrão de vida, índice de custo de vida, educação, cultura, recreação, esporte, colônia de férias, refeitório, vestuário, assistência econômica, auxílio-invalidez.

c) *No campo da higiene e da medicina*: higiene e profilaxia individual e profissional, condições sanitárias das habitações e locais de trabalho, saneamento, educação física, assistência médica, hospitalar, dentária, farmacêutica e pré-natal, creches, auxílio-enfermidade. (Circular da diretoria in *Nossa Estrada*, 1945, p.22)

A importância assumida por esse tratamento racional às questões relativas ao fator humano, integrando preparo técnico, mental, social e controle sobre a vida funcional e privada do ferroviário, pode ser percebida pelas palavras endereçadas ao diretor da ferrovia pela diretoria do Idort:

> Temos a satisfação de comunicar V.S., e a todos quanto colaboraram para a eficiência da Estrada de Ferro Sorocabana pelo início das atividades de seu Departamento Pessoal, o primeiro, que, numa Estrada de Ferro brasileira, se organiza em bases racionais, abrangendo o ensino técnico e o serviço de assistência social.
>
> Congratulamo-nos também como Vossa Senhoria pelo fato de ter a E. F. Sorocabana confiado a instalação desse novo Departamento à capacidade do Dr. Luiz Mendonça Jr., um dos diretores do IDORT. A competência e a dedicação do ilustre companheiro são uma garantia de que o Departamento de Pessoal passará a cumprir cabalmente aos problemas do fator humano, tão importante numa empresa. (*Nossa Estrada*, 1945, p.22)

A realização do programa de trabalho da Divisão de Assistência Social foi concretizada por meio da criação de dois setores de serviços: Setor de Pesquisa e Setor Executivo.

O setor de pesquisa ficou encarregado da divisão de assistência social, concretizada pela criação de dois setores de serviços: de pesquisa e executivo. O primeiro objetivava analisar os problemas sociais por meio de inquéritos, estudos estatísticos padrão de vida etc. Nesse sentido, realizou estudos sobre a quantidade dos gêneros alimentícios a serem fornecidos aos ferroviários, planejou uma pesquisa de levantamento de seus dados sociais e a criação de um "Curso de Higiene Mental da Estrada de Ferro Sorocabana".

O setor executivo responsabilizou-se pela efetivação dos projetos e pela resolução dos casos de desajustamentos apresentados, tendo sido dividido em sete seções: 1. armazéns de abastecimento, 2. seção de estudos de desajustamentos sociais, 3. seção de assistência financeira, 4. serviço de refeitórios, 5. serviço de assistência às crianças, 6. serviço de assistência cultural, 7. serviço de assistência aos esportes.[3]

O inquérito social, planejado pelo setor de pesquisas, teve por finalidade realizar uma ampla investigação sobre as condições de vida dos ferroviários e de sua família, tratando de questões relativas a saúde física e mental, educação, alimentação, habitação, lazer, condições morais e de higiene (Estrada de Ferro Sorocabana, Programa e planejamento..., 28.2.1945).

Para isso, foi confeccionada uma ficha para cada ferroviário e família, que deveria manter-se, posteriormente, sempre atualizada. Em relação às condições de saúde e higiene pessoal, levantaram-se dados acerca de: doenças somáticas ou mentais, passadas ou atuais; casos de desajustamento e de etilismo; hábitos de asseio e de higiene; e assistência médico-dentária e farmacêutica.

Quanto às condições de habitação, investigaram-se a natureza e tamanho dos cômodos da casa, as condições sanitárias e de higiene e as condições em que os membros da família dormiam, no que diz respeito à higiene e à moral. A partir dessa época, a distribuição das casas aos

---

3   "Ao problema da habitação, da alimentação e da preparação física dos que trabalham devemos dispensar toda a nossa atenção. Foi com muito acerto que se disse que o enfraquecimento dos aglomerados humanos da nossa terra não era conseqüência da mestiçagem, e sim de um problema de alimentação e educação [...] Nos resultados da produção por que toda a Empresa se interessa, sentem-se bem as conseqüências das condições, pouco satisfatórias do ambiente doméstico e da má alimentação daqueles que trabalham, na queda dos índices de produção, na média de comparecimento ao serviço, nas licenças repetidas [...]" (*Nossa Estrada*, 1945, discurso do diretor da ferrovia, Ruy Costa Rodrigues, em seu primeiro aniversário de administração da empresa).

ferroviários passou a ser feita mediante os resultados dos inquéritos realizados pelos assistentes sociais. Entretanto, no final da década de 1940, a maioria do pessoal ferroviário já dispunha de habitações construídas pela empresa:

> A maioria do pessoal – pessoal da via permanente, trabalhadores, feitores, mestres de linha, pessoal das estações, agentes, telegrafistas, conferentes, fretadores, pessoal de carreira, maquinistas, foguistas, chefes de trem e pessoal dos depósitos já têm casa dada pela Estrada. (Reunião extraordinária dos diretores... 1948b, p.44)

Também foram inquiridos os hábitos alimentares, a situação econômica e o grau de instrução dos adultos e crianças, assim como a atitude dos pais em relação ao estudo e ao futuro dos filhos.

Em relação ao repouso e lazer de seus funcionários, a divisão de assistência social anunciou sua forma de atuação:

> [...] a questão do repouso, das férias, estudando e propiciando meios de melhor descansar de suas tarefas, como consumir o tempo de lazer de forma mais proveitosa para a sua saúde física, mais útil para o seu aperfeiçoamento intelectual e mais agradável para o seu espírito. (*Nossa Estrada*, maio 1945, p.29-30)

Referindo-se a seu programa de assistência cultural aos filhos de ferroviários e à possibilidade de tomar a seu encargo as escolas, mantidas anteriormente pelo sindicato, o qual fora extinto, a repartição de pessoal lembrava que

> [...] necessário seria ainda conhecermos o programa e o desenvolvimento do ensino para talvez adaptá-lo às necessidades do Brasil Novo, dando à criança, a par das noções primárias de leitura, de escrita e de aritmética, os conhecimentos da nossa história, as lições de Geografia e sobretudo as lições de educação cívica, que viessem modelar o espírito da criança na compreensão de seus deveres de cidadão de amanhã.
>
> Mais para adiante, esta assistência seria desenvolvida em outras cidades. Sob o mesmo plano, até o desenvolvimento geral do mesmo programa, dando assim a Sorocabana, um passo largo no sentido de difundir o ensino entre os filhos de seus operários, contribuindo deste

FERROVIÁRIOS, TRABALHO E PODER **153**

modo, para a grandeza de São Paulo e do Brasil. (Estrada de Ferro Sorocabana, Circular, 32.12.1931)

A seção de pesquisas realizou ainda um projeto para a criação de um Curso de Higiene Mental na Estrada de Ferro Sorocabana. Segundo esse projeto, deveriam ser estudados os fatores "mesológicos" causadores das doenças mentais e elaboradas as barreiras normativas para saná-los e prevenir os desvios de comportamento. Os estudos das diversas causas de distúrbios deveriam ser feitos especialmente em relação às "intoxicações do meio social", isto é, desde "o alcoolismo, as afecções indígenas e doenças infecciosas como sífilis, até os conflitos emocionais, os atritos sociais e as dificuldades diárias". Conhecendo-se os fatores determinantes dos desvios de comportamento, procurar-se-ia, com a ajuda da Higiene Física, da Psiquiatria, da Psicologia e da Pedagogia, "evitar os fatores causais, debelar ou arrefecer os prejuízos consumados, resolver os atritos com o meio, amparar e robustecer as energias psíquicas, modificar as situações ambientais nefastas ou perigosas" (Estrada de Ferro Sorocabana, 26.2.1945).

Deveria ainda esse curso "ministrar conselhos aos sãos no sentido de se manterem na margem da normalidade, tanto pelo ângulo fisiológico, como pelo psico-social" (ibidem). A revista *Nossa Estrada* empreendeu uma campanha sistemática de difusão das regras de higiene mental:

> As pessoas vingativas, os criminosos, os egoístas, são desajustados sociais, isto é, membros da sociedade que vivem fora dela e que a ela não se adaptaram. Hoje, a medicina tem meios de evitar tais males: as regras de higiene mental que, desde cedo, os pais devem por em prática para o benefício dos filhos. (*Nossa Estrada*, abril 1945, p.55)

> A higiene mental não consiste simplesmente em prevenir as doenças do cérebro e da razão. Seu campo de ação é bem mais vasto – ela ensina como formar e conservar um espírito forte e sadio. Pratique os preceitos da higiene mental para ter o espírito forte e sadio. (ibidem, dez. 1945, p.24)

Os preceitos relativos à felicidade matrimonial indicavam para a necessidade da constituição de um novo homem, sadio física e moralmente. Aconselhava-se aos trabalhadores que seguissem os seguintes padrões de comportamento: *corpo são*: "tu que não queres transmitir a desgraça à tua futura esposa e filhos, cura-te, segue os preceitos da higiene, sê puro de corpo e espírito"; *caráter*: "já sabes que o teu caráter bom ou mal passa para os teus filhos pela geração?"; *conhecimentos*: "lê para obedecer. Acima de tudo faze da Bíblia o teu roteiro"; *trabalho*: "trabalha com denodo e ânimo viril e conquista o teu pão com o suor do teu rosto"; *amor*: "analisa profundamente e impiedosamente os teus sentimentos"; *Deus*: "nele encontrarás a solução para os mais intrincados problemas e paz e conforto para as horas de luta e de dor" (*O Apito*, 30.12.1982, p.2).

Enfim, como é possível perceber, a empresa ferroviária procurou apropriar-se não apenas do saber-fazer operário no interior do processo de trabalho, como também de suas condições e experiências de vida cotidiana, fora daquele espaço. Dessa forma, buscou-se impor aos ferroviários um novo padrão de vida, de hábitos de moral, disciplinarizando e regulando sua maneira de morar, sua sexualidade, saúde, educação etc.

O "ferroviário ideal": identidade, diferença e diversidade

Considerando essa intervenção da empresa sobre os ferroviários, dentro e fora do espaço de trabalho, é importante entender de que modo eles reafirmam e assimilaram ou não essa regulação sobre sua vida cotidiana. Assim, as questões que se colocam são: até que ponto as pressões disciplinares externas tiveram êxito e foram assumidas e interiorizadas pelos trabalhadores? De que maneira elas foram reproduzidas? Ou recusadas?[4]

---

4   A formulação de tal questão também é proposta nos estudos de Chauí (1986, p.24), que trata da "cultura popular", entendida como expressão dos dominados, e a importância em se buscar interpretar as formas pelas quais a cultura dominante é aceita, interiorizada, reproduzida e transformada, tanto quanto as formas pelas quais é recusada, negada e afastada, implícita ou explicitamente, pelos dominados.

Essa é uma tarefa extremamente difícil, pois trata-se de reconhecer as manifestações dos ferroviários sobre suas formas de sentir e assimilar as experiências coletivas do trabalho e da vida. Tais experiências comuns devem confrontar-se, ainda, com a subjetividade das experiências individuais e com a prática de uma categoria que não se apresenta de forma homogênea e monolítica, mas sim em toda a sua diversidade e peculiaridades.

As manifestações culturais das experiências, das impressões e dos sentimentos vivenciados por essa categoria constituem uma totalidade complexa de expressões que, se em parte são comuns, também apresentam uma grande diferenciação interna, diante da própria diversidade existente nas condições de vida e de trabalho dos ferroviários.

Diante disso, aqui estão sendo apresentados apenas alguns aspectos dessas expressões, isto é, apenas aquilo que foi possível perceber em relação a essa totalidade/diversidade e em relação aos limites desta pesquisa.

Considerando que na imprensa ferroviária não foi possível recolher dados suficientes sobre as expressões culturais dos ferroviários, esta investigação realizou-se, também, por meio de entrevistas e memórias escritas por ferroviários.

No jornal *O Apito*, identifica-se no discurso apresentado, por um lado, a imagem de trabalhador que os ferroviários deveriam incorporar e, por outro, quais eram as formas de insubordinação e de luta que estavam sendo combatidas. O artigo intitula-se "O ideal de um ferroviário".

> Cada ferroviário deve ser um *fiscal*. Cada ferroviário deve cuidar de tudo o que pertence à Estrada, zelar com carinho...
> Todos somos da *grande família ferroviária*. Não devemos, em absoluto ser *negligentes*, devemos em tudo e em todos os nossos atos, procurar merecer a mais inteira confiança e simpatia de todos. [...] Porque havemos de trair, de acumular desconfianças, quando podemos agir com a máxima *lealdade* própria de um bom ferroviário. [...]
> O ferroviário de bom senso e espírito cultivado não danifica o que é alheio e tão pouco somente que o façam, não admite o suborno para ofender seus brios.

Não se embriaga, porque denegera-o, transformando-o em um elemento nocivo e, portanto, indigno de pertencer à grande família-ferroviária.

Não rouba, porque é uma nódoa impagável na sua existência, que manchando as suas mãos, que em seu lar acalenta o filho, o qual, mais tarde, terá a cruciante dor em saber que seu pai roubou... Mas como é sublime e edificante a esse filho, que já no rol dos ferroviários vê seu pai de fronte altiva, porque tem o espírito cultivado nos preceitos do exemplar ferroviário. É uma ignorância do ferroviário quando deixa danificar um quer que seja da estrada e sem intervir ou sem observar o culpado, dando de ombros a dizer "não é meu e nem comprei" [...] Esse ferroviário não tem a compreensão perfeita do dever. Na sua ignorância não reflete que somos os colaboradores do progresso; que concorremos para o engrandecimento da Estrada, que em troca de um trabalho honrado nos dá o pão cotidiano.

Experimentemos, nada custa.

Veremos como as balsâmicas flores da felicidade nos sorrirão no jardim de nossa vida de bons ferroviários...

Sejamos bons... Sejamos unidos... (*O Apito*, 29.2.1932, p.2 – grifos nossos)

Especialmente pelos depoimentos coletados, percebe-se que a idéia de "colaboradores do progresso" costuma ser interiorizada por grande parte da população ferroviária. Ao mesmo tempo que se aceita a importância da empresa para o desenvolvimento da nação brasileira, assume-se também o papel não apenas de "colaborador", mas, sim, de principal elemento da realização desse progresso. Daí, o orgulho em ser "ferroviário": "[...] o trabalhador ferroviário é o sustentáculo de tudo o que se construiu até hoje [...]" (Ênio Marchezine, em entrevista). Também se ouviu: "[...] o ferroviário foi tomando consciência da importância da ferrovia, gerando riqueza, pioneira no desenvolvimento de todo o Estado, responsável pela formação das principais cidades" (*Outros tempos*, 1984).[5]

A importância em ser ferroviário devia-se não somente a seu papel de construtor da nação, mas ao tipo de trabalho pesado, estafante e

---

5   Depoimento de Antonio Figueiredo, ferroviário aposentado da Sorocabana.

que exigia responsabilidade e disciplina. As responsabilidades e os sofrimentos impostos pela lida cotidiana eram bastante claros para os trabalhadores. Consideravam-se heróis em duplo sentido. Heróis, pelo trabalho que fazia engrandecer a nação brasileira; heróis, pelas pesadas e árduas tarefas que exigiam muito esforço, dedicação, disciplina e amor pelo trabalho.

[...] o ferroviário precisava ter amor pelo seu trabalho para conseguir resistir às dificuldades e realizá-lo como se devia [...] para ingressar na ferrovia era necessário ter competência, dedicação e espírito ferroviário.[6]

[...] naquele tempo ainda havia homens que trabalhavam de verdade, com esforço, vontade e coragem. Hoje não existem mais [...][7]

Ao reconhecer a importância de seu trabalho, que exigia muitos sacrifícios e responsabilidades, o ferroviário entendia que devia ser reconhecido e gratificado por isso. Dessa forma, o trabalhador se autorepresentava na figura do "Chico Ferroviário". Essa figura caricaturada do ferroviário representava um trabalhador pobre, simples, honrado e cumpridor de seus deveres, mas, ao mesmo tempo, revelava um lutador contra as injustiças e arbitrariedades contra a classe: combativo e firme, que nunca deixava de lutar por seus direitos.

O Chico Ferroviário é um trabalhador honesto e cumpridor de seus deveres. Quando o Chico Ferroviário saia publicado era para denunciar as irregularidades, arbitrariedades e injustiças contra a classe. Ainda hoje é o símbolo que é usado para a luta dos ferroviários, quando não podem contar com os órgãos de classe para representar a categoria. O Chico Ferroviário é estimado historicamente por toda a família ferroviária.[8]

---

6   Álvaro Batista Gomes, ferroviário aposentado, ingressou na Sorocabana em 30 de agosto de 1927.

7   Manoel de Jesus, ferroviário aposentado da Sorocabana, trabalhador braçal da via permanente.

8   Guarino Fernandes dos Santos, ferroviário aposentado da Sorocabana (*Outros tempos*, 1984).

158 MARIA DE FÁTIMA SALUM MOREIRA

A idéia de pertencer à família ferroviária também é produzida pelos ferroviários em uma dupla forma: o sentimento de posse, pois a ferrovia "pertence" à família ferroviária, e em termos de solidariedade entre a categoria.

Tentava-se passar, insistentemente, os princípios de respeito e obediência que se supõe vigorar no interior das relações familiares para a relação ferrovia/ferroviário e, assim, o entendimento de que todos deveriam aceitar a autoridade do chefe da casa, para que a família pudesse continuar subsistindo, era repassado para a idéia de que todos os ferroviários fariam parte de uma grande família, que deveria respeito e obediência à administração ferroviária. Como na família, todos estariam trabalhando para o bem comum e as decisões e iniciativas, tomadas sobre a organização do trabalho, também deveriam parecer como tendo sido tomadas através de uma ação familiar conjunta e livre, pois visariam sempre ao aperfeiçoamento e à melhoria das condições de vida e de trabalho de todos.

Não vos esqueçais das boas normas da disciplina, em todos os vossos passos. Acatai a autoridade de vossos superiores. Tende consideração para com todos os vossos companheiros de trabalho e vossos subordinados, pois que todos pertencem à mesma família de servidores da Estrada. (Estrada de Ferro Sorocabana, Circular, 30.11.1934)

Dentro dos preceitos disciplinares tanto a boa como a má causa podem ser discutidas, o melhor servidor de uma organização de trabalho pode levar suas queixas aos seus superiores. As administrações em geral, querem fazer justiça porque dela emana a sua própria força. Não se negam daí, a aceitar os elementos que lhes facilitem o julgamento dos fatos e a proclamação da verdade. [...] A disciplina estimula as energias. Da mesma forma que dá ao homem o direito de discordar e discutir as suas razões, impõe a obrigação de acatar as decisões superiores, que nem sempre podem ser favoráveis porque devem ser justas. Vencido no seu ponto de vista (nas pendências alguém tem que ser), o homem encontra na disciplina do seu espírito a conformação que enobrece. (*O Apito*, 30.6.1931, p.10)

Quando os ferroviários assumiam a idéia de sua inserção em uma "família ferroviária", essa, muitas vezes, encontrava-se aliada ao sentimento de posse sobre a ferrovia e também da possibilidade de que seu trabalho pudesse ser repassado aos filhos como herança. Porém, esse sentimento, ocasionalmente, também poderia justificar o uso ou apropriação, sem autorização da empresa, de lenha, ferramentas das oficinas etc.

Existe uma tradição na família ferroviária: amor e disciplina. As famílias tinham seus filhos de 9 a 10 anos já praticando de telegrafistas, aos 14 anos muitos já eram empregados como lenheiros. O ferroviário ingressava na ferrovia e já tinha o apoio da ferrovia e da família, pois a disciplina já vinha da família.[9]

Antigamente existia um estímulo de pai para filho para entrar na ferrovia: Isto é meu, esta é *minha* ferrovia, estas são as minhas oficinas. Hoje não existe mais este amor pelo local em que se trabalha.[10]

A empresa ferroviária reforçava a idéia de herança, incentivando a entrada dos filhos de ferroviários na ferrovia e facilitando seu ingresso pelos regulamentos. Em 1930, de acordo com os regulamentos para a seleção de alunos para a admissão no Curso Preparatório, 50% das matrículas eram destinadas, preferencialmente, para os filhos dos funcionários da Estrada de Ferro Sorocabana (Estrada de Ferro Sorocabana, Circular, 30.10.1930).

A idéia de herança também era estimulada pela propaganda, na qual se tentava, ao mesmo tempo, corrigir a idéia de apropriação, conforme se verificou em um discurso já citado, em que os ferroviários eram exortados a não roubar:

[...] porque é uma nódoa inapagável na sua existência, que manchando as suas mãos, que em seu lar acalenta o filhinho, o qual, mais tarde, terá a cruciante dor em saber que seu pai roubou... Mas como é sublime e edificante a esse filho, que já no rol dos ferroviários vê seu pai de fronte altiva, porque tem o espírito cultivado nos preceitos do exemplar ferroviário. (*O Apito*, 29.2.1932, p.2)

---

9   Guarino Fernandes dos Santos (*Outros tempos*, 1984).
10   Raphael Martinelli, ferroviário aposentado da Santos-Jundiaí (*Outros tempos*, 1984 – grifos nossos).

Também se constatou que a propagação das idéias de disciplina e respeito à hierarquia teve um êxito relativo, no sentido de disciplinarização da classe, pois, não raramente, ocorriam rivalidades e atritos entre os ferroviários que realizavam um trabalho mais "pesado" e menos qualificado e aqueles que ocupavam cargos mais privilegiados na empresa. As diferenças entre o pessoal do tráfego e da tração eram tematizadas por um maquinista:

> Já formaram uma política entre o tráfego e a tração, sendo o chefe da política o agente da estação.
>
> Junto ao engenheiro, ele fez combinação fechar a plataforma não queremos agremiação
>
> Não queremos agremiação na plataforma da estação porque o pessoal da graxa me dá muito mal impressão.
>
> [...] Os agentes de estação nenhum quer ser aposentando, tem casa de graça e lenha com seu jardim bem plantado.
>
> Água toda encanada e com luz bem instalada, tem criado e criada os portadores ao seu mandado.
>
> [...] Lá vem o senhor agente com o boné amarelado, portadores lombeando sacos com as roupas esfarrapadas.
>
> [...] Portadores todos suados com a roupa toda molhada desde cedo batendo saco nem café tinha tomado, que vida desgraçado ganhando um infeliz ordenado agüentando desaforo do agente importunado. (*A Notícia*, 9.6.1935)[11]

Outro momento em que se observa a reprodução da idéia de família entre os ferroviários está em suas manifestações em relação à defesa da "família ferroviária": ofendida em sua honra pela arbitrariedade dos chefes, ou mal remunerada, ou em condições de trabalho e de vida insatisfatórias. Dessa forma, o sentimento de "família" reforçava os laços de solidariedade e de luta.

Percebem-se, portanto, as ambigüidades existentes na forma de reação dos ferroviários diante das tentativas da empresa em regularizar e moralizar sua vida. Os apelos que lhes são feitos com respeito aos

---

11   A redação do jornal informa que publicou o texto original do autor, sem a correção dos erros.

sentimentos familiares costumam encontrar respostas, pois referem-se a sentimentos que encontram ressonância em sua intimidade (Guatari, 1985). Entretanto, tais respostas são reelaboradas a partir da totalidade de suas experiências de vida e, em conseqüência, comportam uma lógica e práticas próprias, que representam, muitas vezes, aspectos de conformismo e de resistência, no interior de uma mesma questão.

As experiências comuns de vida foram contribuindo para a criação da identidade e familiaridade ferroviária, cooperando para sua constituição como categoria socioprofissional.

A intimidade, criada a partir de uma convivência cotidiana, manifestava-se na invenção de apelidos, colocados entre si, cujos significados se encontravam relacionados com suas experiências comuns, sendo compreensíveis, portanto, apenas pela comunidade ferroviária. Alguns apelidos citados foram: Joaquim Chuvarada, Zé Povo, João Tatu, Viramundo, Mané Vacaria, Peito de Pomba, Zé Pé de Manga, Jacaré, Zé Foguinho, Porco Espinho, Gaiteiro, Zé Bola Murcha.[12]

Além disso, constituíam um vocabulário próprio para traduzir sua vivência no trabalho. São os casos de: "Chegar na grelha": dizia-se das locomotivas que chegavam ao ponto de abastecimento de lenha ou carvão já sem combustível algum. "Rasgou o paletó" significava que o maquinista acelerara e imprimira a maior velocidade possível e autorizada; "P. Bóia" eram os trens de passageiros que levavam marmitas de refeições para o pessoal ao longo da linha. "O trem desceu a serra piando macuco" referia-se aos trens que disparavam nas longas descidas, em razão das deficiências dos freios, e o maquinista acionava os apitos convencionais, pedindo o auxílio dos breques manuais para o pessoal de trens. Os apitos assemelhavam-se ao pio dos macucos, que soava assim: "piau, piau... piau, piau...". "Pegou o arco, deu mais um dente, puxou o ferro e rasgou o paletó": nas passagens diretas de trens pelas estações, costumava-se entregar um bastão de ferro ao maquinista, outorgando-lhe licença para trafegar no trecho. Para que o bastão não caísse, ele era preso a um arco que o maquinista ou foguista pegavam com o trem em movimento; logo que recebia a licença, o

---

12   Álvaro Batista Gomes.

maquinista costumava jogar a alavanca da marcha para frente, a fim de elevar a potência e puxava uma haste ou cabo de ferro que era o acelerador, aumentando a velocidade daí em diante.

Chama atenção a experiência do pessoal ferroviário responsável pela realização diária dos transportes. O pessoal da linha, estações e trens era o que se encontrava submetido a uma fiscalização e vigilância maiores, advindo daí o fato de serem os funcionários que recebiam maior número de punições.

Os chefes de estação, guarda-freios, maquinistas, foguistas e outros eram diretamente responsáveis pela segurança e eficiência dos transportes. Sobre o maquinista pesava grande responsabilidade em relação aos atrasos ou acidentes que costumavam acontecer. Por isso, esses funcionários eram submetidos a uma rígida regulamentação e disciplina. Entretanto, grande parte deles era considerada indisciplinada e tinha o hábito de beber, mesmo quando em serviço. Recorda um ex-maquinista que, no tempo das locomotivas a vapor, "[...] para trabalhar com toda aquela trabalheira e fornalha, só mesmo tomando uns goles para agüentar".[13]

Uma canção ferroviária expõe os sacrifícios e as responsabilidades dos maquinistas e reclama que os responsáveis pela fiscalização e multas são justamente aqueles que não podem avaliar, pela facilidade de suas funções, a dureza da tarefa desse trabalhador:

> Ao som da minha lira
> Oh! minha gente
> vou cantar,
> numa canção
> o pelejar,
> a inquietação
> do maquinista
> Sobre seus ombros
> Seriamente
> ele carrega
> obrigações

---

13   João Cândido Figueiredo, maquinista aposentado da Sorocabana.

[...]
O maquinista
é responsável
pelo trem que vai fazer
do forçoso
ganha pão.
Assim expõe
o maquinista
sua vida
no seu posto
a toda brida
vai disposto
sem temer.
E mil perigos
afrontando
pela linha
portanto tem
que antever
a sua canção.
Em seu percurso
tem que tudo
observar
atentamente
para evitar
um acidente
ou colisão.
[...]
De madrugada
até a noite
o maquinista
mui garboso,
na conquista
a sorrir
ele caminha
para cumprir
o seu dever
e há por aí
quem diga
Que a vida

do maquinista
Não cansa e
nem castiga
aquele que a
revista.
(*O Apito*, 30.9.1931, p.11)

O trabalho do foguista também é descrito em poesia, por um foguista da Sorocabana, Salathiel Muniz, em 1931:

O foguista

Pobre foguista
quando trabalha
deitando fogo
nesta fornalha

Exposto às chuvas
às ventanias
só vê a fornalha
todos os dias

Imundo e sujo
como um carvão
tu tens no entanto
um coração

Enquanto sofres
nessa corrida
no trem de ferro
Levas a vida

Pobre foguista
Como padeces
sofrendo penas
que não mereces

Levas a vida
a tantas cidades
E tu não tens
felicidades. (*O Apito*, 16.12.1931, p.2)

FERROVIÁRIOS, TRABALHO E PODER **165**

Se a música procura mostrar a responsabilidade do maquinista com um certo ufanismo, embora não possa deixar de lamentar as multas e os castigos que ele recebe, a poesia sobre o foguista, escrita por um de seus próprios protagonistas, expõe com clareza as torturas que padecem e a percepção de que esse tipo de vida também o transforma em uma parte da engrenagem que faz a máquina funcionar. Entende que o trabalho lhe relega a representação do papel de uma peça, sem vida própria nem felicidade, embora seja encarregado de levá-la aos outros.

Outro depoimento comenta os sacrifícios e as punições a que eram submetidos esses trabalhadores:

> A vida do maquinista, do foguista, do graxeiro, do manobrador, era muito difícil. Eles eram verdadeiros heróis anônimos, abnegados. As locomotivas que traziam as composições de Botucatu para Iperó, por exemplo, gastavam em média de 16 a 18 horas de trabalhos consecutivos. Quando algum maquinista cometia alguma falta era castigado, sendo escalado para fazer esse trabalho com a locomotiva 1013 ou 1014. Esta locomotiva era considerada a "padrasta dos ferroviários", pois gastava 40 a 45 horas de trabalhos consecutivos para fazer esse mesmo trecho. Não contando o início do trabalho, onde o maquinista, o foguista e o graxeiro tinham que se apresentar duas horas antes do turno para colocarem a locomotiva em condições de funcionamento.[14]

O trabalho "duro" e a fiscalização sobre eles não impediam, entretanto, que os encarregados das locomotivas cometessem várias irregularidades e contravenções às ordens da empresa. Procuravam manifestar um mínimo de autonomia sobre suas vidas, não respeitando as relações hierárquicas, permitindo o atraso de trens e bebendo em serviço. São vários os inquéritos relativos à atribuição desses tipos de faltas aos maquinistas. Além disso, costumavam anunciar sua existência, individualidade e importância por meio do som dos apitos de suas máquinas, que os identificavam a distância, no lugar por onde passavam:

---

14   Guarino Fernandes dos Santos.

Os maquinistas mandavam fazer apitos especiais e manipulando de um modo especial o dispositivo que os acionava, eles eram identificados a distância pelos colegas das estações e mesmo pela população que residia próximo à via férrea. Os apitos eram levados por seus donos quando se aposentavam e depois colocados nos seus túmulos como última recordação de uma vida ferroviária.[15]

O trabalho dos guarda-fios, as dificuldades, os sofrimentos e as punições que eles suportavam, em seu dia-a-dia de trabalho, são cantados, por sua vez, na "Canção do guarda-fios":

Ai! Que triste vida
passa o guarda-fio
em tamanha lida
e sempre no Desvio!...
A procurar defeitos,
ligação de linhas,
sofrimento sem jeito,
tomando multinhas!...
Ai! Que triste sina,
Ai! Que sorte dura,
vida peregrina
Cargo sem ventura.

Quando se apresenta
linha interrompida
pega a ferramenta
e segue para a lida...
Vai correr o trecho,
caminhando a pé
e seu apetrecho
às costas, leva, olé!

Isolador quebrado,
linha embaraçada,
poste revirado,
é grande maçada!

---

15   Álvaro Batista Gomes, ferroviário aposentado, admitido em 1927 (Bueno).

Chuvas torrenciais...
banhados e rios,
são prejudiciais
para o guarda-fios.

Defeito inconstante
é um "quebra-cabeça"
por isso não gostamos
que isso aconteça

Em meio do caminho
já desanimado,
o guarda-fio, sozinho,
segue estropiado...
Vai sempre andando
pela estrada afora
'té que o defeito
tire sem demora.

Liga o telefone
e sabe, em seguida
que a linha correu
está desimpedida.
Quando executado
em determinação
volta ele, coitado,
coberto de pó,
quando, não, molhado
de causar bem dó!
Passa fome, às vezes
grande privação...
Mas nos seus revezes
tem resignação.

Lá vem o feitor
Cara enfarruscada:
"O" seu estupor,
tu não vales nada!
És um mandrião;
não viste o defeito?

– Era ligação...
– Qual! Tu não tens jeito!

E no seu trabalho
pobre guarda-fios,
Se não é multado
fica a ver navios...
E com tais revezes
e tanta maçada
passa dias e meses,
na "brisa afiada"
Fica todo aflito,
Com tanto serviço
Mas... o chefe, inclito,
diz: "És um noviço!"

Adeus companheiros,
guarda-fios gentis!
Não sejais arteiros
Nessa vida ultriz! (*O Apito*, 15.8.1931, p.11)[16]

Trabalhadores que enfrentam esse ou tipos semelhantes de trabalho, que exigem responsabilidades muito grandes, inclusive sobre a segurança da vida humana, acabam assumindo dois principais tipos de atitude. Ou se revestem de uma importância exagerada, assumindo e representando o papel que a empresa lhes outorga, de soldado incansável e cumpridor de seus deveres; ou encontram portas de saída no alcoolismo, em comportamentos violentos ou na loucura.

As responsabilidades, a constante vigilância sobre seus atos e as multas, que minguam mais e mais seus salários, deixando-os na "brisa afiada", acabam por gerar um estado emocional de medo e insegurança, que pode levá-los a tentar preservar sua integridade emocional por meio da interiorização da idéia de que sua importância para a empresa é muito grande, e, por isso, ele deve dedicar-lhe toda a vida, empenho e obediência:

---

16   Letra de Antônio Francisco Gaspar, para ser cantada com a música "Canção do boiadeiro".

[...] para ingressar na ferrovia era necessário ter competência, dedicação e espírito ferroviário, além de uma obediência e grau de responsabilidade semelhante ao do militar.[17]

[...] a ferrovia foi minha única e verdadeira escola, tudo o que eu aprendi foi com ela, considero-a como uma mãe.[18]

Conforme se destacou, é grande o número de inquéritos administrativos movidos pela empresa diante de "atos de violência" praticados pelos trabalhadores. Os casos de alcoolismo, então, são incontáveis. E a preocupação com problemas de "loucura" e desvios de comportamento pode ser percebida nas justificativas utilizadas para a criação do "Curso de Higiene Mental da Estrada de Ferro Sorocabana".

Certamente, o equilíbrio mental dos trabalhadores das oficinas também era agredido diante de sua submissão às instruções científicas de divisão e especialização das tarefas e às normas e aos regulamentos, que procuraram determinar seu ritmo de trabalho, o tempo, os movimentos, a concentração etc.

Dejours (1987) aponta para os efeitos do trabalho taylorizado sobre a atividade intelectual cognitiva e afirma que, ao perder sua liberdade de organização/reorganização/ adaptação ao trabalho, os operários acabam por perder a integridade de seu aparelho psíquico e, mais, além, a saúde do corpo através da somatização.

[...] ao separar, radicalmente, o trabalho manual do trabalho intelectual, o sistema Taylor neutraliza a atividade mental dos operários [...] Desse modo, não é o aparelho psíquico que aparece como a primeira vítima do trabalho, mas sobretudo o corpo dócil e disciplinado, entregue, sem obstáculos, à injunção da organização do trabalho, ao engenheiro de produção e à direção hierarquizada do comando. Corpo sem defesa, como explorado, corpo fragilizado pela privação de seu protetor natural, que é o aparelho mental.

Essa organização científica do trabalho, que pressupõe um processo expropriador do saber-fazer operário, teve como contraponto não apenas a provocação de comportamentos agressivos ou de apatia, mas

---

17   Álvaro Batista Gomes.
18   Durvalino Rosseiro, ferroviário aposentado, ingressou na Sorocabana em 1921.

também a formulação de uma resistência cotidiana, pouco perceptível, que se revelava nos atrasos, na negligência, no descaso pelo trabalho, nos roubos, na cumplicidade com os colegas etc.

Quanto à vida social dos ferroviários, foi possível perceber que esta costumava girar em torno da própria ferrovia, já que a categoria se encontrava constantemente envolvida em atividades culturais, recreativas e educacionais.

O Primeiro de Maio costumava ser comemorado com grandes festas, que reuniam os ferroviários de cada região em um local predeterminado. Santos, Presidente Epitácio e outras localidades bastante aprazíveis costumavam ser escolhidas para sediar esses encontros, nos quais se realizavam churrascos, piqueniques, *shows* de músicas e teatro com os próprios ferroviários, bailes e espetáculos de bandas de música. Nessa data, ocorria uma grande confraternização entre os ferroviários e seus familiares, reunindo vários daqueles que se encontravam distanciados da natureza e do local de seu trabalho. Os ferroviários eram transportados para o local da concentração em trens especiais, concedidos pela empresa. O senhor Guarino rememora a primeira vez em que, ainda garoto, participou dessa festa em Sorocaba, acompanhando seus familiares:

> Nosso especial tinha quatro carros, todos lotados de companheiros que levaram até banda de música para abrilhantar a festa. Depois do último carro, o trem especial trazia uma gôndola e nela, um pequeno canhão que soltava tiros nas estações em que parávamos, anunciando nossa chegada. [...] As esposas dos ferroviários tinham preparado bolos, pastéis, virado de frango para os companheiros, e o caminho até Sorocaba se transformava num imenso corredor de confraternização, onde a cada estação um grupo de ferroviários nos saudava em meio aos tiros de canhão, o apito da Maria Fumaça e os acordes dos "dobrados" executados pela banda [...].

Os trabalhadores se dedicavam à criação de seu próprio espaço de convivência social. Organizavam bandas de música, clubes esportivos, teatros, *shows*, clubes de dança, escolas para ferroviários e para filhos destes e até programas de rádio. Essas atividades eram criadas e dirigidas pelos próprios trabalhadores e visavam atingir, principalmente, a coletividade a que pertenciam.

Segundo o relato do senhor Marchezine, por ocasião da primeira vez que veio trabalhar nas oficinas de Assis, em 1929, incomodava-o o analfabetismo e a falta de conhecimento, pelos companheiros ferroviários, dos fatos que aconteciam no país. Decidiu, então, montar uma escola para alfabetizá-los, ao mesmo tempo que procurou incentivar a leitura de jornais.

> Em 1929, coloquei uma escola para alfabetizar ferroviários, que funcionava à noite, três ou quatro vezes por semana. No começo eu mesmo dava as aulas, depois contratei um professor que era pago por um "rateio" feito entre os alunos. A escola começou com 70 alunos, que poderiam ter de 18 a 70 anos. Ela durou três anos e alfabetizou 150 ferroviários. Além disso, eu pedi ao jornal *Diário Nacional*, que nos enviasse 30 assinaturas para distribuir entre o pessoal.

Além da existência dessas iniciativas pessoais, também pode ser apontada a do Sindicato dos Ferroviários, na década de 1930, que organizou várias escolas para ferroviários e também para seus filhos, que eram mantidas, geralmente, com a ajuda da municipalidade ou do Estado. O sindicato dispunha de escolas nas seguintes cidades: Barra Funda, Mayrinky, Sorocaba, Santo Antônio, Assis, Itapetininga, Santos e Piracicaba (Estrada de Ferro Sorocabana, Circular, nov. 1941).

Outro fato digno de ser destacado é a criação de um programa de rádio, em Assis, na década de 1930. Massilon Bueno relata:

> [...] traçamos um plano para a organização de um programa genuinamente ferroviário, com música brasileira. [...] um programa de auditório que lotava de membros da família ferroviária; após o programa, sempre terminávamos numa tocata na casa de qualquer família que sempre nos convidava para um café com duas mãos.

O envolvimento dos ferroviários com a ferrovia e a incorporação de vivência no trabalho à vida do trabalhador aparece na própria forma como é organizado o programa de rádio:

> Às 19 horas em ponto entrava na casa de toda a população de Assis e redondeza o "Expresso da Alegria". Netinho, no contra-regra

soltava o disco, uma locomotiva apitava e o trem partia, entrávamos no carro de 2ª classe com marchas carnavalescas, a seguir passávamos para o carro da 1ª classe, onde o conjunto musical "Coisa Ruim e seus Anjos", composto por ferroviários, apresentava os últimos sucessos musicais, a seguir passávamos para o carro Restaurante onde Nelson Calonico, com seu vozeirão, nos deliciava com seus tangos argentinos e terminávamos no carro Dormitório com o Veridiano e as suas valsas, e Alice Maria, uma das vozes mais bonitas que eu já ouvi, cantava o "Barracão de Zinco", "Chão de Estrelas" etc. Damasceno tocava violino e cantava os últimos sucessos de Aracy de Almeida. E eu fazia o "Chico Potoca", apresentador e contador de anedotas nos intervalos de cada número. (Bueno, p.40)

A construção da identidade ferroviária, que contribuiu para sua constituição como categoria social, foi concretizada pela totalidade de suas experiências de vida, em que se destacava seu envolvimento com a ferrovia, por meio de uma convivência cotidiana no trabalho, nas vilas ferroviárias e nas horas de lazer. Essa compreensão da intersecção das suas formas de ação, no interior e fora do processo de trabalho, também pôde ser observada pelo acompanhamento do modo como sua vivência, no trabalho, foi incorporada aos momentos em que desenvolviam suas atividades sociais e culturais – *shows*, comemorações, esporte, educação, programas de rádio etc. Do mesmo modo, o caminho inverso era percorrido pela inclusão da vivência fora do trabalho, na prática cotidiana do espaço da produção.

A intimidade e a familiaridade construídas pelos ferroviários devem, entretanto, ser interpretadas com base na observação da simultaneidade de vários processos, os quais se entrecruzaram no movimento em que se buscou construir uma identidade ferroviária única, caracterizada pelo perfil de um soldado, obediente e responsável, mas que resultou na constituição de identidades múltiplas e contraditórias. Embora os trabalhadores vivenciassem laços de solidariedade, experimentando modos de pensar e sentir bastante comuns, é evidente que também se mostraram bastante conscientes de suas diferenciações particulares e distanciamentos internos, reafirmando, em diversas situações, sua individualidade e vontade de autonomia, na busca da realização de um sentido para suas vidas.

CONSIDERAÇÕES FINAIS

As considerações a seguir visam sintetizar as interpretações que foram feitas ao longo deste trabalho, que foi concluído, em 1989, como dissertação de mestrado em História. Pelo estudo realizado, foi possível analisar o universo social, cultural e simbólico que compôs as identidades sociais dos ferroviários da Estrada de Ferro Sorocabana, no período de 1920-1940. O caminho percorrido pela análise se pautou pelo confronto entre as estratégias de controle da empresa ferroviária e as táticas dos ferroviários, com suas formas próprias de se apropriar, reagir e subverter os desejos e interesses de dominação a que eram submetidos. Trata-se de um percurso metodológico pautado nas orientações teóricas da história social e da cultura, propostas por autores tais como Edward Thompson e Roger Chartier. *A posteriori*, porém, foi possível reconhecer os pontos comuns de tais pressupostos com as proposições de análise indicadas por Michel de Certeau (1994), que teoriza sobre as "estratégias" dos dominantes e as táticas, as "artes de fazer" daqueles a quem estas se dirigem.

Nessa direção, concluiu-se que as mudanças racionais e científicas introduzidas no processo de trabalho da Estrada de Ferro Sorocabana, assim como as intervenções realizadas sobre a vida privada dos ferroviários, foram realizadas a partir da existência de uma luta política, permanente e cotidiana, entre ferrovia e ferroviários. Essa luta teve como foco central o esforço das elites políticas para garantir o controle tanto sobre o processo como sobre o mercado de trabalho no Brasil. O caráter político das propostas técnicas e científicas de organização do processo de trabalho pôde ser reconhecido à medida que se observou terem sido estas formuladas no interior de um campo de tensões e conflitos sociais, os quais se expressaram tanto no campo da vida mais particular e cotidiana dos trabalhadores como sob a forma de luta pública e coletiva.

Em uma primeira fase, na década de 1920, a reorganização do processo de trabalho baseou-se nos princípios científicos e tayloristas de aprofundamento da divisão de trabalho e de reestruturação das redes hierárquicas de poder. Tais ações foram realizadas em um momento de intensos conflitos, agudizados em sucessivas greves, na década de 1910, em que os ferroviários da Sorocabana denunciavam suas péssimas condições de trabalho e de vida. As dificuldades da empresa em manter a ordem e a disciplina entre os ferroviários também se faziam notar pela ocorrência, cada vez maior, de conflitos entre chefes e subordinados.

Nesta investigação, foram levantados vários indícios que tornaram notáveis as dificuldades da empresa em manter a ordem e a disciplina entre os ferroviários. Entre eles, destacam-se: a prática de roubos e de faltas ao trabalho, o aumento do alcoolismo, além de outras formas de irregularidade e desobediências na observação das regras para a condução do trabalho.

Tais fatos ajudaram a compreender que as várias intervenções da empresa sobre o trabalho e a vida social e particular dos ferroviários não ocorreram apenas por causa da preocupação dos administradores com a problemática do rendimento e da produtividade, pois percebe-se que a empresa proporcionou uma reformulação na dinâmica das práticas de controle dos trabalhadores, por intermédio de seus dirigentes. Portanto, a conquista de maior eficácia nas estratégias de dominação do trabalhador ferroviário realizou-se tanto pela apropriação de seu saber-fazer como pela anulação de sua capacidade organizatória e sindical.

A definição de novas estratégias racionais e tecnológicas, entre as décadas de 1930 e 1940, também pode ser compreendida como necessária ao prosseguimento desse processo, pois os ferroviários inventavam novas formas de desobediência e de subversão às práticas de controle implementadas pela empresa. Diante das reações que os ferroviários manifestaram à fragmentação na divisão de trabalho, à fiscalização e ao uso intensivo de sua força de trabalho, na década de 1920, a administração ferroviária reconheceu a necessidade de que fossem tomadas novas medidas na organização de seu processo produtivo. Tal decisão foi justificada, inclusive de forma explícita, pelo discurso de seu principal dirigente, Gaspar Ricardo, ao afirmar que havia dificuldades para "moralizar o trabalho".

A dinâmica dessas transformações pode ser observada, portanto, sob dois aspectos intrinsecamente ligados: por um lado, a conformação em moldes científicos e racionais, que tomava a organização do processo de trabalho, com seu caráter disciplinarizador e controlador, e, por outro, os comportamentos de resistência e insubordinação que estavam sendo reprimidos ou contra os quais se procurava precaver.

Apesar do destaque a alguns momentos em que os ferroviários se apresentaram no cenário da luta, de forma organizada e coletiva, chamou-se particularmente atenção para sua ação cotidiana, que ocorria, muitas vezes, de forma difusa e individual. As resistências localizadas em pontos diversos e em ações geralmente individuais e difusas revelaram-se no grande número de multas, suspensões e inquéritos administrativos referidos às contravenções e irregularidades praticadas no próprio espaço de trabalho; apareceram, também, no conteúdo dos regulamentos internos que prescreviam as normas de pontualidade, assiduidade, respeito à hierarquia; na repressão ao uso de bebidas alcoólicas etc. Foram percebidas, sobretudo, no conteúdo dos princípios norteadores da organização, seleção e formação científica e racional do trabalho e dos trabalhadores, os quais demonstravam as dimensões da preocupação que causavam os trabalhadores que pudessem controlar ou deter um mínimo de autonomia sobre seu tempo e ritmo no trabalho.

Algumas reações apresentadas pelos trabalhadores, diante das práticas de controle e disciplina da administração ferroviária, traduziram-se em roubos, embriaguez, abandono de emprego, grande número de faltas e licenças, conflitos com os superiores hierárquicos, desobediência às ordens e regulamentos, sabotagem, "cera", negligência, descaso com o trabalho, apatia, cumplicidade com os colegas etc. Em algumas situações, observou-se a geração de estados de aceitação e/ou acomodação, os quais, algumas vezes, levavam o trabalhador a se revestir de uma importância exagerada, assumindo o papel de soldado ferroviário.

Em outros casos, encontravam portas de saída no alcoolismo ou em comportamentos que podiam ir da agressão até estados de loucura, resultantes da perda da integridade psíquica, que podiam estar relacionados às responsabilidades exageradas exigidas por certos tipos de trabalho ou, então, conseqüência da neutralização de sua atividade mental, provocada pela anulação de sua liberdade de ação no trabalho (Dejours, 1987).

Assim, as tentativas da empresa em disciplinar o ferroviário, tornando-o dócil politicamente e produtivo economicamente, não foram garantidas apenas com as estratégias de reestruturação das relações de poder, internas ao processo de trabalho, mas comportaram também uma intervenção direta sobre a vida do trabalhador fora desse espaço. Pensando a unidade da pessoa e a impossibilidade de se formar um tipo de homem para o trabalho e outro tipo de homem para viver o tempo livre, compreende-se o empreendimento de se buscar reformular e moralizar sua vida como um todo.

Isso ocorre em um momento em que as representações burguesas, relativas à disciplina e moralização do trabalho, já se encontravam colocadas para toda a sociedade (Lenharo, 1986). As práticas e os discursos da empresa fizeram coro com o ideário propagado pelo regime do Estado Novo e, portanto, também visaram atingir os mesmos objetivos de domesticação do corpo e da mente do trabalhador, que deveria transformar-se no "ferroviário ideal". Por meio do apelo aos valores morais, religiosos e familiares, procurava-se chamar atenção para a necessidade de disciplina e obediência, assim como para o compromisso de todos com o progresso da nação, que os elevaria à condição de "heróis" e "vencedores".

Tal esforço de construção identitária não passou apenas do condicionamento mental ao comportamento produtivo, realizado por meio das medidas científicas de reestruturação das relações de poder internas ao processo de trabalho, que criaram hábitos de responsabilidade, ordem, atenção e aproveitamento intensivo e metódico do tempo na produção (Moreira, 1989, 1990). Diante da agudização dos conflitos sociais e das resistências dos trabalhadores às medidas científicas de controle e disciplinamento, instituídas desde a década de 1920, os ferroviários sofreram, como as demais categorias de trabalhadores, os resultados do aniquilamento de suas formas de luta organizada, coletiva e livre, por meio da oficialização e do atrelamento dos sindicatos e da aplicação de regras legais para o funcionamento do mercado de trabalho.

O modelo de trabalhador obediente, produtivo e responsável, ainda lembrado, com orgulho, por muitos ferroviários, foi sendo constituído por meio de uma sistemática ação administrativa que, especialmente após 1930, redimensionou suas estratégias de ação. Uma delas foi a de assumir diretamente o controle de atividades que antes eram dirigidas exclusivamente pelos ferroviários, suas escolas, clubes sociais e esportivos etc. Além de implementar medidas disciplinares cada vez mais rigorosas para as infrações comumente praticadas pelos trabalhadores, também acionou os vários meios de propaganda de que dispunha: imprensa, concursos, filmes, cartazes – que ajudaram na construção das imagens do "ferroviário ideal", do "soldado ferroviário", integrante da grande "família ferroviária" e "colaborador do progresso da nação".

Na tentativa de apreender até que ponto a intenção de intervir e regular a vida cotidiana dos trabalhadores foi assumida, interiorizada, reproduzida ou negada pelos mesmos, procurou-se, de algum modo, trazer para o presente as vozes dos sujeitos que experimentaram determinadas situações, a partir de vivências e expectativas próprias e particulares. As manifestações culturais dos ferroviários apresentavam aspectos que ora os aproximavam, ora os distanciavam e diferenciavam da cultura dominante, já que as práticas, as representações e as formas de consciência que revelavam encontravam-se relacionadas à lógica inerente à totalidade de suas experiências de vida, as quais também comportavam diferenças internas no enfrentamento das questões colocadas para toda a coletividade ferroviária.

Essa diferenciação também pode ser explicada pelo próprio sistema organizacional da administração e divisão do trabalho, nas empresas ferroviárias. Este se baseia numa estrutura hierárquica que comporta uma variedade de serviços, os quais implicam a combinação de uma diversidade de trabalhadores: mecânicos, telegrafistas, maquinistas, trabalhadores de linha, escriturários, engenheiros etc. É bastante variado, portanto, aquilo que experimentam em relação às maneiras de executar o trabalho e de se relacionar no espaço produtivo. Diferenciam-se, também, em relação a suas condições de vida fora do trabalho: educação, procedência familiar e étnica, nível econômico, formas de acesso a um conhecimento erudito e em relação aos modos de identificação com o ideário político, seja dos setores dominantes, seja dos setores considerados de esquerda, especialmente os chamados "comunistas", "socialistas" e "anarquistas".

A diversidade percebida no interior da categoria ferroviária se manifestou em seus depoimentos, memórias, músicas e poesias. Convivendo com as imagens de uma identidade única e ideal para a categoria, esses trabalhadores teimavam em fazer irromper e reafirmar múltiplas identidades com costumes, valores e símbolos próprios. As ambigüidades, presentes em seus modos de sentir e pensar, denotavam assentimentos externos e dissentimentos internos, tais como aqueles em que se conjugavam aspectos de coragem e medo/insegurança; de resistência e aceitação/acomodação; de orgulho e subordinação; de sofrimento com revolta ou resignação; de obediência e desobediência.

A compreensão da inserção social e política dos trabalhadores ferroviários, de suas lutas cotidianas, dentro e fora do espaço de trabalho, assim como das práticas sociais e culturais que lhes eram próprias, foi empreendida por meio de uma articulação e um confronto minucioso entre as estratégias de controle da empresa ferroviária e as táticas dos ferroviários, com suas formas próprias de se apropriar – e muitas vezes de subverter – os interesses e as práticas de dominação a que foram submetidos.

REFERÊNCIAS BIBLIOGRÁFICAS

ALMEIDA, M. H. *Estado e classes trabalhadoras no Brasil (1930-1945)*. São Paulo, 1978. Dissertação (Mestrado) – Universidade de São Paulo. (Mimeogr.).

AMARAL, P. F. do. Roberto Mange: pioneiro da racionalização no Brasil. In: BOLOGNA, Í. *Roberto Mange e sua obra*. Goiânia: Unigraf, 1980.

ANTONACCI, M. A. M. *A vitória da razão*. São Paulo, 1985. Tese (Doutorado) – Faculdade de Filosofia, Letras e Ciências Humanas, Universidade de São Paulo.

_____. Institucionalizar ciência e tecnologia: em torno da fundação do Idort (São Paulo – 1918/1931). *Revista Brasileira de História (São Paulo)*, v.7, n.14, p.59-78, mar./ago. 1987.

_____. *A vitória da razão (?)*: o Idort e a sociedade paulista. São Paulo: CNPq, Marco Zero, 1993.

ARENDT, H. *A condição humana*. Trad. Celso Lafer. Rio de Janeiro: Forense, 1981.

AZEVEDO, F. de. *Um trem corre para o Oeste*. São Paulo: Martins Fontes, 1950.

BAKTHIN, M. *A cultura popular na Idade Média e no Renascimento*: o contexto de François Rabelais. Trad. Yara Fratechi Vieira. São Paulo: Hucitec, 1987.

BACZKO, B. Imaginação Social. In: *Enciclopédia Einaudi*. Tradução de M. Villaverde Cabral. Lisboa: Imprensa Nacional; Casa da Moeda, 1985. p.296-332.

180 MARIA DE FÁTIMA SALUM MOREIRA

BENÉVOLO, A. *Introdução à história ferroviária do Brasil*: estudo social, político e histórico. Recife: Folha da Manhã, 1953.

BENJAMIN, W. Experiência e pobreza. In:_____. *Magia e técnica, arte e política*. São Paulo: Brasiliense, 1985. (Obras escolhidas).

BERNARDO, A. C. *Tutela e autonomia sindical*: Brasil – 1930/1945. São Paulo: Queiroz, 1982.

BITTENCOURT, L. F. F. Organização de estatísticas para o serviço de controle de conservação de linha e determinação de coeficientes de produção. In: CONGRESSO DE ENGENHARIA E LEGISLA-ÇÃO FERROVIÁRIA, 1935, Campinas. *Anais...* Campinas, s.n., 1935. p.223-40.

BOLOGNA, I. *Roberto Mange e sua obra*. Goiânia: Unigraf, 1980.

BOSI, E. *Lembranças de velhos*. São Paulo: Edusp, 1987.

BRASIL. Ministério da Viação e Obras Públicas, Departamento Nacional das Estradas de Ferro. *Serviço de Assistência e Cooperação Educacional à Família dos Ferroviários* (Saceff). s. l.: s. n., 1950. [Barra Funda: Biblioteca da Superitendência dos Recursos Humanos, Fepasa].

BRAVERMAN, H. *Trabalho e capital monopolista*. Trad. Nathanael C. Caixeiro. Rio de Janeiro: Zahar, 1981.

BRUNHOFF, S. de. *Estado y capital*. Madrid: Editoral Vilabar, 1978.

BUENO, M. *Memórias manuscritas*. Assis: Cedrau, UNESP.

BURKE, P. *Cultura popular na época moderna*. Europa, 1500-1800. São Paulo: Companhia das Letras, 1989.

CAETANO, C. G. *Qualificação profissional ferroviária*: uma estratégia de controle. Piracicaba, s. d. Dissertação (Mestrado) – Universidade Metodista de Piracicaba.

CAPELATO, M. H. R. *Imprensa e história do Brasil*. São Paulo: Contexto, Edusp, 1988.

CASTORIADIS, C. Reflexões sobre o desenvolvimento e a racionalidade. In: _____. *Revolução e autonomia*. Belo Horizonte: Copeg, 1981.

_____. *A instituição imaginária da sociedade*. Trad. Guy Reynald. Rio de Janeiro: Paz e Terra, 1982.

_____. *A experiência do movimento operário*. Trad. Carlos Nelson Coutinho. São Paulo: Brasiliense, 1985.

CERTEAU, M. *A invenção do cotidiano*. Artes de fazer. Petrópolis: Vozes, 1994.

CHARTIER, R. *A história cultural*: entre práticas e representações. Trad. M. M. Galhardo. Lisboa: Difel, 1990.

FERROVIÁRIOS, TRABALHO E PODER **181**

————. Différences entre les sexes et domination symbolique (note critique). *Annales ESC*, n.4, p.1005-11, juillet/août, 1994.

CHAUÍ, M. *Cultura e democratização*: o discurso competente e outras falas. São Paulo: Moderna, 1980.

————. *Conformismo e resistência*: aspectos da cultura popular no Brasil. São Paulo: Brasiliense, 1981.

CHAUÍ, M.; FRANCO, M. S. *Ideologia e mobilização popular*. Rio de Janeiro: Paz e Terra, 1978.

CORIAT, B. *Ciência, técnica y capital*. Madrid: H. Blume Editores, 1976.

COSTA, W. P. *Ferrovias e trabalho assalariado em São Paulo*. Campinas, 1976. Dissertação (Mestrado) – Universidade Estadual de Campinas.

CRUZ, H. de F. *Os trabalhadores em serviço*: dominação e resistência. Campinas, 1984. Dissertação (Mestrado) – Universidade Estadual de Campinas.

CUNHA, M. C. P. da. *O espelho do mundo – Juquery*: a história de um asilo. Rio de Janeiro: Paz e Terra, 1985.

DARTON, R. *O Beijo de Lamourette*. São Paulo: Companhia das Letras, 1990.

DEAN, W. *A industrialização de São Paulo*. São Paulo: Difel, 1971.

DEBES, C. *A caminho do Oeste*: história da Companhia Paulista de Estradas de Ferro – edição comemorativa da fundação. São Paulo: Cia. Paulista de Estradas de Ferro, 1968.

DE DECCA, E. S. *O nascimento das fábricas*. 4.ed. São Paulo: Brasiliense, 1968.

————. *O silêncio dos vencidos*. São Paulo: Brasiliense, 1981.

————. A ciência da produção: fábrica despolitizada. *Revista Brasileira de História (São Paulo)*, n.6, p.47-79, set. 1983.

————. Memória e cidadania. In: ————. *O direito à memória*: patrimônio histórico e cidadania. São Paulo: Secretaria Municipal de Cultura, DPH, 1992.

DE DECCA, M. A. G. *A vida fora das fábricas*: cotidiano operário em São Paulo – 1920/1934. Rio de Janeiro: Paz e Terra, 1987. (Coleção Oficinas da História).

DEJOURS, C. *A loucura do trabalho*: estado de psicopatologia do trabalho. Trad. Ana Isabel Paraguay e Lúcia Leal Ferreira. São Paulo: Oboré, 1987.

DIRIGENTES da Sorocabana e da Fepasa. Jundiaí: Gráfica da Fepasa, 1983.

ESTRADA DE FERRO SOROCABANA. *Álbum do 90° Aniversário da Estrada de Ferro Sorocabana* (1871-1961). Barra Funda: Biblioteca da Superitendência dos Recursos Humanos, Fepasa, s. d.

FAUSTO, B. *Trabalho urbano e conflito social*. São Paulo: Difel, 1976.

FENELON, D. R. Estado, poder e classes sociais. *Revista Brasileira de História* (São Paulo), n.7, p.33-57, mar. 1984.

FOUCAULT, M. *Microfísica do poder*. Trad. Roberto Machado. Rio de Janeiro: Graal, 1979.

FREDERICO, O. A contribuição do serviço social para a readaptação profissional na Estrada de Ferro Sorocabana. São Paulo, 1952. (Monografia apresentada à Escola de Assistência Social da Pontifícia Universidade Católica).

GALVÃO, J. A. *Problemas ferroviários*. s. l.: Empresa Gráfica da Revista dos Tribunais, 1941.

GASPAR, A. F. *Bodas de brilhantes*. São Paulo: Cupolo, 1950. [Barra Funda: Biblioteca da Superitendência dos Recursos Humanos, Fepasa].

GOLDMAN, L. Reflexões sobre história y consciência de clase. In: _____. *Aspectos de la história y la consciência de clase*. México: Universidad Nacional Autonoma de México, 1973.

GOMES, Â. C. *Burguesia e trabalho*: política e legislação social no Brasil – 1917-1937. Rio de Janeiro: Campus, 1979.

GORZ, A. (Org.) *Crítica da divisão do trabalho*. Trad. Estela dos Santos Abreu. São Paulo: Martins Fontes, 1980.

GUATARI, F. *Revolução molecular*: pulsações políticas do desejo. Trad. Suely B. Rolnik. São Paulo: Brasiliense, 1985.

HABERMAS, J. Técnica e ciência como "ideologia". In: *Textos escolhidos*. Trad. José Lino Grunnewald et al. São Paulo: Abril Cultural, 1980. p.311-43. (Coleção Os pensadores).

HARDMAN, F. F. *Trem fantasma*: a modernidade na selva. São Paulo: Companhia das Letras, 1988.

HOBSBAWM, E. D. La consciência de clase en la história. In: _____. *Aspectos de la consciência de clase*. México: Universidad Nacional Autonoma do México, 1973.

_____. *Os trabalhadores*: estudos sobre a história do proletariado. Trad. Marina L. Teixeira V. de Medeiros. Rio de Janeiro: Paz e Terra, 1981.

HUMPHREY, J. et al. Trabalho e dominação. *Estudos Cebrap* (Petrópolis), n.26, 1980.

FERROVIÁRIOS, TRABALHO E PODER 183

KUNDERA, M. *O livro do riso e do esquecimento*. Trad. Teresa B. Carvalho da Fonseca. São Paulo: Círculo do Livro, 1978.

LAINO, A. *Controle fabril*: poder e autoridade do capital. Petrópolis: Vozes, 1983.

LASCH, C. *O mínimo eu*: sobrevivência psíquica em tempos difíceis. Trad. João Roberto Martins Filho. São Paulo: Brasiliense, 1987.

LEFORT, C. O que é burocracia. In: MORIN, E. et al. *A burocracia*. Lisboa: Sociocultur, 1976.

LEME, D. M. P. de C. *Trabalhadores ferroviários em greve*. Campinas: Ed. da Unicamp, 1986. (Série Teses).

LENHARO, R. *Sacralização da política*. Rio de Janeiro: Papirus, 1986.

LESSA, S. N. *Trem de ferro*: do cosmopolitismo ao sertão. Campinas, 1993. Dissertação (Mestrado) – Instituto de Filosofia e Ciências Humanas, Universidade Estadual de Campinas.

LINHART, R. *Greve na fábrica*. Trad. Miguel Arraes. Rio de Janeiro: Paz e Terra, 1980.

————. *Lenin, os camponeses e Taylor*. São Paulo: Marco Zero, 1983.

LOPES, S. L. Formas de proletarização, história incorporada e cultura popular. In: ————. (Coord.) *Cultura e identidade operária*: aspectos da cultura da classe trabalhadora. Rio de Janeiro: Marco Zero, 1988.

LUKÁCS, G. *História y consciência de clase*. México: Grijalbo, 1969.

MARTINS, S. H. Z. *O "descanso do guerreiro"*: um estudo sobre a instituição ferroviária paulista. Assis, 1989. Dissertação (Mestrado) – Faculdade de Ciências e Letras, Universidade Estadual Paulista.

MARSON, A. A locomotiva e a célula: imagens opostas da mesma revolução. *Revista Brasileira de História (São Paulo)*, v.9, n.10, p.129-46, mar./ago. 1991.

MARX, K. *O capital*. 3.ed. Trad. Reginaldo Sant'Anna. Rio de Janeiro: Civilização Brasileira, 1975.

————. *Manuscritos econômicos e filosóficos e outros textos escolhidos*. São Paulo: Abril Cultural e Industrial, 1978.

MATOS, O. N. de. *Café e ferrovia*: a evolução ferroviária de São Paulo e o desenvolvimento da cultura cafeeira. São Paulo: Alfa Omega, 1974.

MOREIRA, M. de F. S. *A organização do processo de trabalho*: sua dimensão política na estrada de ferro Sorocabana (1920-1940). Assis, 1989. Dissertação (Mestrado) – Faculdade de Ciências e Letras, Universidade Estadual Paulista.

184 MARIA DE FÁTIMA SALUM MOREIRA

MUNAKATA, K. *A legislação trabalhista no Brasil*. São Paulo: Brasiliense, 1981.

MURARD; ZILBERMAN (Org.) *Le soldat du travail*. Paris: Recherches, 1978.

NORA, P. *Les lieux de memoire*. Paris: Galimard, 1984-1992. 3v.

OLIVEIRA, J. A. de A.; TEIXEIRA, S. M. F. *(Im) Previdência social*: 60 anos. Petrópolis: Vozes, 1986.

OUTROS tempos (vídeo). São Paulo: Centro de Memória Sindical, RTC, jun. 1984.

PALLOIX, C. O processo de trabalho. In: TRONTI, M. et al. *Processo de trabalho e estratégia de classe*. Rio de Janeiro: Zahar, 1982.

PAOLI, M. C. Os trabalhadores urbanos na fala dos outros: tempo, espaço e classe na história operária brasileira. In: LOPES, J. S. L. (Org.) *Cultura e identidade operária*: aspectos da cultura da classe trabalhadora. Rio de Janeiro: Marco Zero, 1987.

PAOLI, M. C.; SADER, E.; TELLES, V. S. Pensando a classe operária: os trabalhadores sujeitos ao imaginário acadêmico. *Revista Brasileira de História (São Paulo)*, n.6, p.129-49, set. 1983.

PARENTE, L. Ensaio sobre a organização ferroviária. In: CONGRESSO DE ENGENHARIA E LEGISLAÇÃO FERROVIÁRIA, 1935, Campinas. *Anais...* Campinas: s. n., 1935. p.37-55.

PERROT, M. *Os excluídos da história*: operários, mulheres, prisioneiros. Trad. Denise Bottman. Rio de Janeiro: Paz e Terra, 1988.

PINHEIRO, P. S. *Política e trabalho no Brasil*. Rio de Janeiro: Paz e Terra, 1975.

PINHEIRO, P. S.; HALL, M. *A classe operária no Brasil – 1889/1930*. São Paulo: Brasiliense, 1981. v.2.

PRADO, A. *Bagagem*. Rio de Janeiro: Imago, 1976.

RAGO, L. M. *Do cabaré ao lar – utopia da cidade disciplinar*: Brasil – 1890/1930. Rio de Janeiro: Paz e Terra, 1985.

RAGO, L. M.; MOREIRA, E. F. P. *O que é taylorismo*. São Paulo: Brasiliense, 1984. (Coleção Primeiros passos).

RIBEIRO, M. A. *Condições de trabalho na indústria têxtil paulista (1870-1930)*. Campinas, 1989. Dissertação (Mestrado) – Universidade Estadual de Campinas.

RICARDO JÚNIOR, G. Taylorismo das indústrias ou sua organização científica. *Revista da Associação Comercial de São Paulo (São Paulo)*, p.12-6, jun. 1921.

FERROVIÁRIOS, TRABALHO E PODER **185**

————. Qualidades pessoais dos trabalhadores – seu melhoramento. *Revista da Associação Comercial de São Paulo* (São Paulo), p.487-9, set, 1922.

RODRIGUES, M. *Los transviários y el anarquismo en México (1920-1925)*. Puebla: Icuap, 1980.

SAES, F. A. M. de. *As ferrovias de São Paulo – 1870/1940*. São Paulo: Hucitec, 1971.

SAMUEL, R. *História popular y teoria socialista*. Barcelona: Crítica, 1984.

SEGNINI, L. R. P. *Ferrovia e ferroviários*. São Paulo: Cortez, 1982.

SFERRA, G. *Anarquismo e anarco-sindicalismo*: orientações do movimento operário brasileiro em 1906-1907. Piracicaba, 1982. Dissertação (Mestrado) – Universidade Metodista de Piracicaba. (Mimeogr.).

SILVA, Z. L. da. *A face oculta da reprodução*: um estudo sobre os trabalhadores industriais de São Paulo – 1930 a 1934. Campinas, 1983. Dissertação (Mestrado) – Universidade Estadual de Campinas.

————. Os sindicatos e a gestão do Estado no mercado de trabalho: São Paulo – 1920-1932. *Revista Brasileira de História (São Paulo)*, v.14, n.7, p.79-97, mar./ago. 1987.

————. *A domesticação dos trabalhadores nos anos 30*. São Paulo: CNPq, Marco Zero, 1990.

SUSSEKIND, F. *Cinematógrafo das letras*: literatura, técnica e modernização no Brasil. São Paulo: Companhia das Letras, 1987.

TAYLOR, F. W. *Princípios da administração científica*. São Paulo: Alves, 1970.

THOMPSON, E. P. *Tradición, revuelta y consciencia de clase*. Barcelona: Editorial Crítica, 1979.

————. *A formação da classe operária inglesa*. Trad Renato Busatto Neto e Cláudio Rocha de Almeida. Rio de Janeiro: Paz e Terra, 1987. 3v. (Oficinas de História).

TIRADO, G. La huelga ferrocarilera de 1926-1927 em división Puebla: ensaio. *Boletín de Investigación del Movimiento Obrero (Puebla)*, 1982.

TRAGTENBERG, M. *Burocracia e ideologia*. 2.ed. São Paulo: Ática, 1977.

————. *Administração, poder e ideologia*. São Paulo: Moraes, 1980.

WEIL, S. *A condição operária e outros estudos sobre a opressão*. Rio de Janeiro: Paz e Terra, 1979.

WILLIANS, R. Transições, instituições e formações. In: ————. *Marxismo e literatura*. Trad. Waltensir Dutra. Rio de Janeiro: Zahar, 1979.

Outras fontes

ATA DA 3ª REUNIÃO para estudo e discussão do projeto de reorganização administrativa da Estrada de Ferro Sorocabana, 24 de setembro de 1935. [Jundiaí: Arquivo e Museu Ferroviário de Jundiaí, Fepasa].

BOLETIM do Instituto de Engenharia, outubro de 1934.

CARTA CIRCULAR n° 386, 29 de dezembro de 1931; de Gaspar Ricardo Júnior para "todo o pessoal da Estrada". [Jundiaí: Arquivo e Museu Ferroviário de Jundiaí, Fepasa].

CARTA CIRCULAR n° 3/327, 1° de dezembro de 1932; de Gaspar Ricardo Júnior para "todo o pessoal da Estrada" [Jundiaí: Arquivo e Museu Ferroviário de Jundiaí, Fepasa].

CARTA DE DEFESA dos membros da comissão de inquérito da Estrada de Ferro Sorocabana, 17 de janeiro de 1944. Ferroviários: cad. 37.090 e 37.080. [Jundiaí: Arquivo e Museu Ferroviário de Jundiaí, Fepasa.

CFESP. Ensino profissional racional nos cursos ferroviários da Sorocabana. *CFESP*, n.3, 1936.

CIRCULAR DA DIRETORIA n° 140/10, de 11 de dezembro de 1934, proibindo a realização desses atos coletivos, diante "da vigia do crescente número de petições e memoriais coletivos dirigidos às Divisões e à Diretoria".. [Jundiaí: Arquivo e Museu Ferroviário de Jundiaí, Fepasa].

COLEÇÃO DE CIRCULARES da II Divisão. Circular de 18 de março de 1925.

COLEÇÃO DE CIRCULARES do tráfego. Circular n° 185, 1° de setembro de 1925.

ESTRADA de Ferro Sorocabana. Regulamento geral da divisão de locomoção. São Paulo: Casa Vanordem, 1920.

_____. Circular n° 60/47, de 21 de janeiro de 1930; emitida pelo diretor da Estrada. [Jundiaí: Arquivo e Museu Ferroviário de Jundiaí, Fepasa].

ESTRADA de Ferro Sorocabana. Circular n° 601, 27 de maio de 1930; emitida pelo chefe da 2ª Divisão [Jundiaí: Arquivo e Museu Ferroviário de Jundiaí, Fepasa].

_____. Carta circular n° 1/327, 7 de agosto de 1930; assinada pelo diretor e endereçada aos chefes da 2ª, 3ª, 4ª e 5ª Divisão, ao Chefe da Contabilidade e Almoxarifado. [Jundiaí: Arquivo e Museu Ferroviário de Jundiaí, Fepasa].

_____. Circular de 30 de outubro de 1930; do chefe da II divisão para todo o pessoal. [Jundiaí: Arquivo e Museu Ferroviário de Jundiaí, Fepasa].

FERROVIÁRIOS, TRABALHO E PODER 187

————. Circular n° 380, São Paulo, 4 de maio de 1931; assinada pelo diretor Gaspar Ricardo Júnior. [Jundiaí: Arquivo e Museu Ferroviário de Jundiaí, Fepasa].

————. Circular n° 3/327, 8 de agosto de 1931; reitera a circular 380. [Jundiaí: Arquivo e Museu Ferroviário de Jundiaí, Fepasa].

————. Circular de 31 de novembro de 1931; da repartição do pessoal ao diretor da Estrada. [Jundiaí: Arquivo e Museu Ferroviário de Jundiaí, Fepasa].

————. Circular n° 1023, 8 de março de 1932; refere-se aos artigos 159 e 166 do "Regulamento para Segurança, Polícia e Tráfego". [Jundiaí: Arquivo e Museu Ferroviário de Jundiaí, Fepasa].

————. Circular n° 109/61-11, 14 de janeiro de 1934. (Coleção de Circulares de Tráfego); emitida por Gaspar Ricardo Júnior, diretor da Estrada de Ferro. [Jundiaí: Arquivo e Museu Ferroviário de Jundiaí, Fepasa].

————. Circular n° 109/61, 13 de agosto de 1934. [Jundiaí: Arquivo e Museu Ferroviário de Jundiaí, Fepasa].

————. Circular de 30 de novembro de 1934; do chefe da II Divisão ao pessoal do tráfego. [Jundiaí: Arquivo e Museu Ferroviário de Jundiaí, Fepasa].

————. Ata da 3ª reunião para estudo e discussão do projeto de reorganização administrativa da Estrada de Ferro Sorocabana, 24 de setembro de 1935. (Mimeogr.). [Jundiaí: Arquivo e Museu Ferroviário de Jundiaí, Fepasa].

————. Regulamento para fornecimento de ferramentas aos artífices carpinteiros. In: Circular n° 427, 14 de abril de 1938. [Jundiaí: Arquivo e Museu Ferroviário de Jundiaí, Fepasa].

————. Circular n° 530, de 6 de agosto de 1940. [Jundiaí: Arquivo e Museu Ferroviário de Jundiaí, Fepasa].

————. CHS-3-0 – circular do departamento de saúde, ensino e seleção, de novembro de 1941. [Jundiaí: Arquivo e Museu Ferroviário de Jundiaí, Fepasa].

————. Organização ferroviária para uso do Curso de Ferroviários anexo ao núcleo de Ensino Profissional de Jundiaí. s.1., 1944. (Folheto). [Jundiaí: Arquivo e Museu Ferroviário de Jundiaí, Fepasa].

————. Programa e planejamento da pesquisa social. divisão de assistência social. Seção de Pesquisa, 28 de fevereiro de 1945. [Jundiaí: Arquivo e Museu Ferroviário de Jundiaí, Fepasa].

_____. Circular 7-8-6, de 25 de setembro de 1947, do Departamento Pessoal a todos os Departamentos da Estrada de Ferro Sorocabana. [Jundiaí: Arquivo e Museu Ferroviário de Jundiaí, Fepasa].

_____. Circular de 25 de maio de 1955. Do diretor para todos os departamentos. (Coleção de Circulares de Tráfego). [Jundiaí: Arquivo e Museu Ferroviário de Jundiaí, Fepasa].

_____. Entre o sertão e o mar. 1960. (Folheto).

_____. Circulares da Sorocabana. Pasta CHS-3-0. [Jundiaí: Arquivo e Museu Ferroviário de Jundiaí, Fepasa].

_____. Reunião extraordinária dos diretores. administação. [Jundiaí: Arquivo e Museu Ferroviário de Jundiaí, Fepasa].

_____. Relatório anual, 1922, 1924, 1925, 1927, 1930, 1931, 1932, 1933, 1934, 1935, 1936, 1937, 1940.

FERROVIA PAULISTA S/A. Discursos proferidos em homenagem ao engenheiro Francisco Paes Leme de Monlevade. s.l., 1928. (Mimeogr.). [Jundiaí: Arquivo e Museu Ferroviário de Jundiaí].

MACIEL, A. A. Discurso do engenheiro da Companhia Paulista, 28.9.1939.

RAGE-IDORT. Relatório preliminar da Secretaria de Viação e Obras Públicas. Estrada de Ferro Sorocabana, 1934.

_____. Relatório preliminar da Secretaria da Viação e Obras Públicas. Estrada de Ferro Sorocabana, 1945.

_____. Relatório final. Campinas: Arquivo Edgar Leurenroth.

_____. Relatório preliminar da Secretaria da Viação e Obras Públicas. Estrada de Ferro Sorocabana..

RELATÓRIO DA SECRETARIA da Segurança Pública (Gabinete de Investigações). São Paulo, 23.7.1943.

REUNIÃO EXTRAORDINÁRIA dos diretores das estradas de ferro brasileiras. Locomoção. Rio de Janeiro: Eltim Ltda, 1948a.

REUNIÃO EXTRAORDINÁRIA dos diretores das estradas de ferro brasileiras (administração). Rio de Janeiro: Eltim Ltda., 1948b. [Jundiaí: Arquivo e Museu Ferroviário de Jundiaí, Fepasa].

SOROCABANA RAILWAY COMPANY. I Defesa, apresentada ao senhor secretário da Agricultura, contra acusações feitas à sua administração. II Memorial, sobre as tomadas de conta da Estrada de Ferro, desde o início do contrato de seu arrendamento até hoje. Agosto de 1918. (Folheto).

Jornais e revistas

A Notícia
A Plebe
Diário de São Paulo
Ilustração Nossa Estrada
Nossa Estrada
O Apito
Revista das Estradas de Ferro do Brasil
Revista Idort

SOBRE O LIVRO

Formato: 14 x 21 cm
Mancha: 23,7 x 42,5 paicas
Tipologia: Horley Old Style 10,5/14
Papel: Offset 75 g/m² (miolo)
Cartão Supremo 250 g/m² (capa)
1ª edição: 2008

EQUIPE DE REALIZAÇÃO

Coordenação Geral
Marcos Keith Takahashi

Impressão e Acabamento